がんばらない めんどくさくない

人間関係を築くコツ

どうして人と関わるのって、
こんなにしんどいんだろう……。

著者
VISION PARTNER
メンタルクリニック四谷院長
尾林誉史

ナツメ社

はじめに

「人間関係」は誰にとっても大きなテーマ

厚生労働省が行った「労働者健康状況調査」によると、働く人のストレス要因の第1位は「人間関係」となっています。男女とも数十年にわたり同じ結果で、同調査廃止後の「労働安全衛生調査」でも、「対人関係」はストレス要因の大きな割合を占めています。

多くの人が「ああ、やっぱりね」とこの結果を受け止めるだろうと思います。そのくらい「人間関係」は誰にとっても大きなテーマになっています。

ストレスの要因となる人間関係には、1対1の人間関係があります。「あの上司は生理的に苦手」といった種類のストレスです。

さらに、周囲にサポーティブな人間関係が十分にないことも、ストレスを生み出す原因としては重要です。相談できる人がいるか、話しやすい職場環境があるか、といったことがストレスの軽減には重要になってくるのです。
あなたは今、どんな毎日を送っているのでしょうか。もし人間関係がストレスになっているのなら、放っておかずに、対処することが大切です。

オンライン時代で楽になった？　つらくなった？

コロナ禍の影響でオンラインでの付き合いが増え、人間関係も変化してきました。オンライン時代になって人間関係が楽になった、と感じている人もいるでしょう。一方では、以前のようなリアルの世界での人付き合いのほうが好き、という人もいるはず。そんな人たちは、このウィズコロナの時代になって、ちょっと元気を失っているかもしれません。

ネット環境での人付き合いのほうが好きだというと、冷たい人間とか、温かい血が通っていない人、と思われがちです。しかし、そんなことはありません。オンラインのほうが過ごしやすい人も、リアルに人と人が接するほうが好きな人も、どちらがいいとか悪いとかの話ではなく、タイプが違うだけなのです。

オンライン時代になっていきいきしている人たちは、コロナ以前の世の中で、居心地悪さやわずらわしさ、めんどくささを感じていたことでしょう。逆に、人と人がリアルに対面する人間関係が得意だった人たちは、現在のオンライン時代に生きづらさを感じているかもしれません。

人付き合いの選択肢が増えていく

コロナ終息後の世の中はどうなっているでしょうか。

このままオンライン中心の世の中が続くことはないだろう、と僕は思っています。オンラインのよさを残しつつ、以前のようにリアルに人と人がふれあう人間関係がきっと戻ってくるでしょう。

よいものは残るのが世の原則だとすれば、それぞれのよいところが残っていくのだと思います。アフターコロナの時代には、両者のいいとこ取りが始まるのです。

その時代を生きる私たちは、人間関係が複雑化して大変になるのでしょうか。

そうではなく、「選択肢が増えた」と考えるべきだと思います。どちらにもよい面があるのですから、それぞれがお互いを認め合って、興味本位でもいいから、お互いのテリトリーをちょっと眺めてみると新しい発見があるかもしれません。

人間関係は、がんばらないほうがいい

アフターコロナの時代になっても、「人間関係」は大きなストレス要因として君臨しているに違いありません。

これまでにも、人間関係によるストレスを生み出さないためにはこうすべき、といったポイントがいろいろ紹介されてきました。しかし、こうしたノウハウはあまり現実的ではありません。なぜなら、人間関係に苦手意識をもっている人たちは、「こうすべき」と教えられても、そんなにがんばれないからです。

僕は「いい加減」という言葉や「適当」という言葉が好きです。

肩の力を抜いて、そんな付き合い方をしていくことで、ストレスを生み出さない人間関係になっていくように思えます。結局、あまり無理をしないほうが、周りとの関

係もよくなったりするものなのです。

人付き合いは、めんどうだし疲れるけれども、避けて通ることはできません。本書では、そんな人付き合いから起こるしんどい場面や、モヤモヤする場面43ケースを集めました。

それぞれのケースに対して、どうすれば気持ちが楽になって、人と付き合いやすくなるのか、考え方のコツや付き合い方の工夫を紹介していきます。

モヤモヤしたら、早めに対処して回復を

ストレス対応で大切なのは、ストレスをゼロにしようとがんばることではありません。ストレスによるダメージを受けても、精神的に回復できるように、「しなやかに戻る力」をつけておくことが重要です。

この「しなやかに戻る力」のことをレジリエンスといいます。「いい加減」や「適当」であることは、「しなやかに戻る力」を高めるのに役立ってくれます。

くらべたがる
人ばかりで
うんざり……
（SE・男・22歳）

苦手な人と
距離が
とれない
（事務・女・27歳）

不機嫌な人に
巻き込まれて
つらい
（サービス・女・35歳）

SNSで
気をもむこと
が増えた
（営業・男・24歳）

リアルだと、
自分を
出せない
（公務員・男・31歳）

ふつうの会話
がうまく
できない
（企画・男・25歳）

人付き合いの悩みって
誰にでもあるんだと思います

ちょっとしんどいな、モヤモヤするなと思ったら、早めに対処して回復をはかるようにしましょう。我慢を続けていると、戻れなくなってしまいます。

心療内科や精神科のクリニックは、最後の駆け込み寺と考えるのではなく、自分を支えるツールの一つと考えるようにするといいでしょう。

本を読んだり、友達に聞いたりするのと同じ気軽さで、クリニックの先生に相談してみることを考えてください。きっとあなたの助けになります。

VISION PARTNER メンタルクリニック四谷院長
尾林誉史

『がんばらない めんどくさくない 人間関係を築くコツ』…… もくじ

2 はじめに

第1章 「くらべたがる人」がめんどう

18 CASE 01
職場の同僚がライバル視してくる

22 CASE 02
「自分のほうが上！」と
マウンティングしてくる

27 CASE 03
意見を否定され、
ダメ出しばかりされる

32 CASE 04
経歴をやたらとほめられ、
居心地が悪い

34 CASE 05
ほめ言葉か、いやみか、
わからなくて切り返せない

38 いい加減がちょうどいい！ 心地よい距離を保つコツ
TIPS.1 → 相手を変えようと思わない

第2章 「ねっとりとした関係」がしんどい

44 CASE 06
気乗りしない誘いだけど、
うまく断れない

49 CASE 07
ランチや飲み会に、誘われたくない

51 CASE 08
対立する二つの意見。
どっちもどっちだけど……

56 CASE 09
仲たがいしている二人の間で、
どうふるまえばいい？

58 CASE 10
仲よしだと思っていたのに、
陰口を言われていた

61 CASE 11
その場にいない人の
悪口大会が始まった

65 いい加減がちょうどいい！ 心地よい距離を保つコツ
TIPS.2 → 自分を責めすぎない

第3章 「不機嫌な人」に巻き込まれる

70 CASE 12
「言われなくてもわかるだろ」と
言われても、わからない

74 CASE 13
空気が読めなくて、
相手を怒らせてばかり……

78 CASE 14
ムラのある上司に
ふりまわされてシンドイ

80 CASE 15
誰も協力してくれなくて、
いつも損な役回り

84 CASE 16
怒られている状況がつらすぎる

88 CASE 17
最近、ぜんぜんほめられない。
自分は必要とされていない？

92 いい加減がちょうどいい！ 心地よい距離を保つコツ
TIPS.3 → グラデーションで考える

第4章 「境界線を越えてくる人」と距離がとれない

98 CASE 18
意見を押し付け、
コントロールしてくる

103 CASE 19
内緒ばなしを
バラされて困っている

108 CASE 20
初対面なのに、あれこれ詮索される

111 CASE 21
あやしい話への熱心な誘い。
断りづらい

116 CASE 22
ハラスメントをしてくる

120 いい加減がちょうどいい！　心地よい距離を保つコツ
TIPS.4→ぼーっとする時間を大切に

第5章 「わずらわしいSNS」なのに手放せない

126 CASE 23
メッセージをスルーされた。
不安で仕方ない

131 CASE 24
自分だけSNSに不参加。
仲間内で疎外感を覚える

134 CASE 25
SNSを見ると、
みんながリア充に見えて落ち込む

139 CASE 26
見知らぬ人が、上から目線で
アドバイスをしてくる

143 CASE 27
何気なくつぶやいただけなのに、
ひどいコメントの嵐……

147 CASE 28
「写真送って」「家はどこ？」

そんな仲じゃないはずだけど……

150 CASE 29
ネットゲーム仲間から
暴言を吐かれるようになった

154 いい加減がちょうどいい！　心地よい距離を保つコツ
TIPS.5 → 顔の見えないときこそ慎重に

第6章 「人との会話」がスムーズにできない

160 CASE 30
ちょっとした
おしゃべりができない

164 CASE 31
職場の電話に出るのが怖い

168 CASE 32
クレーム電話を受けると、
頭がまっしろになる

173 CASE 33
質問したいけど、
話しかけるタイミングがつかめない

177 CASE 34
自分の意見を言えなくて、
あたふたしてしまう

182 CASE 35
1対1なら平気。
でも、大勢の前だと話せない

186 CASE 36
オンラインの集まりが苦手

190 CASE 37
普段の口調でメッセージを送ったら、
部下を傷つけてしまった

193 いい加減がちょうどいい！ 心地よい距離を保つコツ
TIPS.6 → 失敗はどんどんしていい

第7章 「気にしすぎ」で心が折れそう

198 CASE 38
リモートワークの影響で、
一日中気が休まらない

202 CASE 39
終業間際の依頼を断れなくて、
ぐったり疲れます

205 CASE 40
ついうっかりマナー違反。
恥ずかしすぎていたたまれない

208 CASE 41
嫌われることが怖くて、
注意できない

212 CASE 42
どう評価されるかわからず、
アイデアを出せない

216 CASE 43
ネットだと自分を出せるのに、
リアルだと自分を出せない

219 いい加減がちょうどいい！　心地よい距離を保つコツ
TIPS.7 → 付き合う人を増やしてみる

第1章

「くらべたがる人」がめんどう

ライバル視してくる人、マウンティングしてくる人、
なんでもかんでも否定する人、口うるさい人、やたらとほめてくる人……。
身近にこんな人がいると疲れます。なんとかできないでしょうか。

CASE
01

職場の同僚がライバル視してくる

こちらは競うつもりなんかないのに、何かとライバル視して、仕事の実績などをいちいちくらべられたりすると心がザワザワします。営業の成約数とか、上司にほめられたとか、学歴が上とか、そんなのくらべなくていいのに……。

こういうケースで困惑するのは、相手が自分のことをいつも意識しているみたいで、生理的に距離が近すぎるように感じられるからでしょう。こちらは特に意識していないのに、距離をちぢめてこられると、生理的に「嫌だな……」という気持ちが生じてきます。「仕事の実績なんかどちらが上でもいいけど、そんなに近くまで来ないでよ」と考えているのかな、と思います。

個人のセーフティゾーン、つまり「ここまでは入ってこないで」と思っているところにまで、入ってこられたと感じてしまうのでしょう。

でも、あなたがどう思っていようと、「相手は変えられない」というのが人間関係の大原則です。勇気を出して「私のことをライバル視するのはやめてほしい」と伝えたところで、それが実現することなんてまずありません。そんなことに労力を費やすより、**「自分のほうが変わっちゃおう」を基本戦略にしましょう。**

では、どう変わればいいのでしょうか。

あなたは、「相手が自分をライバル視して、何かと比較してくるのがうっとうしい」と感じているわけですが、相手の行動に対する見方を変えてみましょう。

相手が比較してくる部分は、きっと周囲があなたを高く評価している部分なのです。

相手は「あなたのここがしゃくにさわるのよ」という気持ちなのでしょうが、そうやってライバル視することによって、あなたがやってきたことの何が優れているかを明示してくれているのです。

それを教えてくれているありがたい人なんだ、と受け止めるようにしたらどうでしょうか。あなたの仕事についていろいろ言ってきても、それは「あなたはこれができていてすばらしい」と言っているのと同じなのです。とてもいい人ですよね。

できていることを評価すると人生が楽になる

身の周りに起きるさまざまなできごとに対して、日本人はとかく減点法で考えがちです。たとえば、職場の同僚が自分をライバル視していろいろ言ってくると、「ケチをつけられた。マイナス1点」と受け止めてしまいます。反論せずに受け流していたら、もっと言ってきた。「最悪。マイナス2点」といった具合。これではどんどんマイナスが増えてつらくなってしまいます。

ちょっと視点をずらしてみましょう。同じことを言われても、「この点に関しては、私のやってきたこと、私のアウトプットがうまくいっていたんだ」と考えたら、「プラス1点」になります。しつこく言ってきたとしても、「これもうまくいっているなら、プラス2点」と考えていれば楽になってきます。

多くの人が、「できるだけポジティブに考えよう、ネガティブになるのはやめよう」と考えていますが、それがなかなか難しかったりします。**コツは、できないことにとらわれないで、できたことをちゃんと評価することです。**

ライバル視されるのはうっとうしいけれど、自分がそれだけ実績を上げているのだから仕方ないかな、と自分の「できていること」をちゃんと評価するようにしましょう。そうすることによって、いろいろなできごとをポジティブに考えられるようになります。

ANSWER

あなたのよい点を教えてくれる〝ありがたい人〟というふうに置き換えてみよう。

CASE
02

「自分のほうが上！」とマウンティングしてくる

職場での仕事の実績によるマウンティング。夫の地位や収入、子どもの受験によるマウンティング。「あなたより私のほうが上！」と言いたい人はどこにでもいます。感じ悪いけど、怒ったりすると、トラブルになってしまいそう……。

マウンティングとは、「群れ」という社会で生活する動物に見られる「自分が優位であることを示す行動」のことです。社会生活を営む人間が行うのは不思議ではありません。でも、マウンティングされる側からしてみると、たまったものではありません。不愉快だけれど、そんなことで怒るのは大人げない、という気もするので、対応に困ります。

マウンティングする題材は実にさまざま。地位や職業、収入、学歴、持ち物、住居、体型、顔など、なんでもありです。家族やパートナーに関することで、マウンティングが行われることもあります。

そういったことに関して、あなたに勝ったと感じている人が、「私のほうが上！」という言動をとって、ちょっといい気分に浸っているわけです。

あなたがマウンティングされる理由は？

相手がなぜあなたを選んだのか、ちょっと考えてみましょう。マウンティングの題材がなんだったとしても、あなたのレベルがものすごく低かったら、マウンティングしてもいい気分になれません。マウンティングしがいがあるのは、それなりに高いレベルにいる人に対してなのです。**自分の価値をちゃんと理解できている人に、「私のほうが上!」と認めさせたいと思っているわけです。**

収入を例にするとわかりやすいのですが、マウンティングしたい人が「いやあ、ようやく年収が1000万円を超えたよ」と言いたい相手は、年収200万円の人ではありません。

700~800万円の年収があって、1000万円を目標にしているけど届いていない人に言うからこそ、マウンティングの快感を味わえるのです。

これがマウンティングする人の心理。収入に限らず、なんでも同じです。

マウンティングしてくる人がいたら、「なるほど。あなたにとって、私はなかなか見どころがある人なのね」と思うといいでしょう。

そのレベルにいながらマウンティングしないあなたのほうが、人間としてはまともです。そう考えれば、マウンティングされる腹立たしさを、ちょっとだけ抑えることができます。

笑顔で「ざんねんな人〜」と思って話を聞いてあげる

腹立たしさが抑えられると、心に余裕ができます。マウンティングすることに一生懸命になっている人が、なんだか気の毒に見えてきます。

自分のほうが上だと認めさせたくて、自慢話をしているわけですが、そんな話が面白いはずはありません。当然、誰も聞いてくれないのでしょう。

マウンティングに一生懸命な人は、多くの場合、かまってくれる人がいない寂しい人なのです。

そこで、**マウンティングをしてくる人がいたら、心の中で飛び切りの笑顔をつくり、「なんてざんねんな人〜」とつぶやいてみてください。**悲観的になってしまうと、自分の気持ちも沈んでしまいます。心の中で〝明るく、笑いながら〟つぶやくことがとても大事なポイントです。

そして、誰にも聞いてもらえないであろう自慢話を聞いてあげるのです。

もう、仏心ですね。そうやって、マウンティングするための自慢話を聞いていると、何か功徳を施しているような穏やかな気持ちになれます。

たぶんこれが、マウンティングされたときの、最も心穏やかなやり過ごし方です。

悔しいと思ったり、怒ったりしないで、「なんてざんねんな人〜」と思いながら、自慢話に耳を傾けてあげてください。

ANSWER

マウンティングはかまってほしい寂しさの表れ。話を聞いて認めてあげると互いの心に余裕が生まれるよ。

CASE
03

意見を否定され、ダメ出しばかりされる

会議での発言にも提案書にも、いつも否定から入る上司。なぜそんなに否定したいのでしょう？　つらかったと周りに相談したら、「いやいや、そのくらい……」と否定して、私はもっとつらかったという話を始める人も。あぁ……疲れた。

「いや、それは違うな」とか、「これでは無理だろ」など、とにかく否定する言葉が口癖になっている人がいます。その後に、「こうすればいいのでは」という提案が出てくるならいいのですが、そうではなくて否定するだけ。これでは意見を言う気も失せてしまいます。こういう人が職場の上司だったりすると、たしかにやっかいです。

いろいろなことに対して否定してくる人は、自分をかしこく見せたい人か、自信がない人なのだと思います。たぶん何に対しても〝絶対的な正しい答え〟があると思っていて、人の意見が〝答え〟とは違っていそうだと感じているだけなのです。それで、否定の言葉がまず出てきてしまうのでしょう。

自分をかしこく見せたい人も、いろいろなことに自信がない人も、できれば失敗したくなくて、**できることなら失敗せずに成果を得たい。そのために、効率よく正解に行き着きたいと思っているのです。**

何が正解なのかはわからないけれど、失敗したくはない。まっすぐ正解にたどり着きたい。そのため、少しでも正解からずれているように感じると、「いや、それは違うな」とか、「これでは無理だろ」などの嫌な言葉が口をついて出てしまいます。

こういう人は、ものごとには唯一絶対の正しい答えがあると考えています。子どもの頃からの学習方法などにも、原因があったのかもしれません。一つの正しい答えがあって、その答えを求めていくという作業を繰り返してきた人は、唯一の答えが存在するという幻想を抱きがちです。

しかし、**私たちの生きている世の中に、「最適の答え」はあると思いますが、「絶対的に正しい答え」なんてたぶん存在しません。**少なくとも私はそう思っています。

そう思っていると、他人のことを否定しなくてすみます。「その方法はベストではないかもしれないけど、現状から一歩前進するためのベターな方法かも」と思えるからです。ベストでなくてもベターでいいんだ、と思っていれば、そんなに否定の言葉は出てこないものです。そして、否定されなければ、提案した人はさらに一歩進んだ提案をすることができるでしょう。

ベストを目指さなくてもベターでいいというのは、決して目標のレベルを下げるということではありません。**ベターを求めている人が、それを積み重ねることで、ベストを突き抜けていくこともあるのです。**

そう考えてくると、とにかくなんでも否定してしまう人は、やっぱり「ざんねんな人」ということになります。**会議などでの発言を頭ごなしに否定されたようなときは、心の中で「あ～、ざんねん」と思っておきましょう。**

「えー、そうなんですか？」と、いったんのってみる

とりあえず相手の話は否定しておき自分の話を始める、という人もいます。人が「○○でつらかった」という話をしているのに、「えー、そのくらいで？　私なんかね……」と話をさえぎって、自分の話を始めたりするのです。

こういう人たちは、**結局のところ、自分の話を聞いてほしいのです。**あなたがつらかったということを否定したいわけではなく、ただ自分の話を聞いてほしいだけ。言われた側はイラッときますが、あまり悪気はないのです。ただし、あなたの相談相手には向かないので、次回からは別の信頼できる人に話すようにしましょう。

話を横取りされたときにイラッとして、「いやいや私は……」とか、「いや、そんなことじゃなくて」などと言い返すと、相手も否定された気持ちになってへんなスイッ

チが入り、もめてしまうかも。こうした展開はできれば避けたいですね。

こんなときには、**「えー、そうなんですか?」などと言って、相手にしゃべらせてあげるというのも一つの方法だと思います。**こういう人は自慢話ばかりする人と同じで、普段誰にも話を聞いてもらえずにいます。そこで、仏心で話を聞いてあげるのです。そんな話からでも、何か〝ベター〟が得られるかもしれません。

この場合、場を支配しているのは、饒舌に語り続けている相手ではなく、間違いなくあなたです。あなたの手のひらの上で、語りたい話を語らせてあげましょう。もう心のイラつきはおさまっているのではありませんか?

ANSWER

「ざんねんな人〜」と思いつつ、語りたい話を語らせてみよう。よい気づきが見つかることも!

CASE

04

経歴をやたらとほめられ、居心地が悪い

学歴や職歴、あるいはかつて表彰されたできごとなどを、ことあるごとにほめられます。素直に喜ぶ気にはなれないし、「そんなのたいしたことじゃないから」と言うのも感じが悪そう。どう反応したらいいのでしょうか。

ほめてくれる相手の人は、あなたのことを本当に「すごい！」と思っているのかもしれないし、いい人間関係を築きたくて「ちょっと余計にほめておこう」と思っているだけなのかもしれません。ニコニコ顔で「ありがとう」と応じてしまうと、〝経歴を自慢したがっている自信家〟なんて思われてしまう危険性がありそうです。

無難なのは、**相手の話に対して過去形で返すこと。**たとえば、「○○大学を出てるなんて、すごいですね」という言葉に対し、「うーん、あのときはがんばりました」と返すのです。「たしかに、あの頃は輝いてましたね」なんていうのもいいかもしれません。否定するといやみな感じが漂いますが、これならその心配はなし。それでいて、「どうだ、すごいだろ」という感じにはなりません。

過去の自分を主語にして答えると、やわらかな反応になります。

ANSWER

「あのときは〜」と当時の自分を主語にすれば自慢話っぽくならないよ。

CASE
05

ほめ言葉か、いやみか、わからなくて切り返せない

ほめられたけれど相手の本心がわからないことがあります。本心でほめてくれているのか、それともいやみなのか。「きれいですね」の一言に「ありがとう」と答えたら、言ったのは相手なのに「ナルシスト」と吹聴されたケースもあります。

相手の真意がわからないときは、ほめてくれる言葉に対して、肯定も否定もしないで、ボールをいったん投げ返す、というテクニックを使うのがいいかもしれません。テクニックといっても、難しくはありません。心配は無用です。

たとえば、きょうの服をほめられたとしましょう。「素敵ですね〜」と言われたけれど、本当にそう思っているかあやしいな、という場合です。**そんなときは、肯定も否定もしないで、「そう思います？」と疑問形で返しておくのです。ちょっと茶化すような感じで言えたら理想的。**「それ、本心から言ってます？」みたいに親しげな言い方でもいいでしょう。

相手が「いやあ、ほんとに素敵ですよ」ともう一回言ってきたら、そこで「ありがとうございます」と返しておきます。すぐに反応せず、ばかばかしいやりとりを一回はさむことで、それがクッションになり、こちらの反応をやわらげることができます。「ありがとうございます」にも、ほめられちゃって困ってます、という雰囲気が漂えば完璧でしょう。

相手の人が本心からほめているわけではないとしても、こういう手順を踏んでおけば、「自信家だ」と吹聴されずにすみます。また、本心からほめてくれていた場合でも、**最終的に「ありがとうございます」と言うところに落ち着くので、決して悪い印象を与えることにはなりません。**

「そう思います？」とか、「それ、本心から言ってます？」という言葉は、茶化した感じで言うのが理想的ですが、そういうキャラじゃない、という人もいるでしょう。あるいは相手が上司や先輩で、茶化すような関係ではない、ということもあるかもしれません。

そんな場合は、茶化さずにふつうに言ってください。「そうでしょうか？」でいいでしょう。肯定も否定もせず、いったん投げ返して、ワンクッション置くことができればいいのですから。

ほめ返してほしいだけ？

自分より仕事で実績を上げている人から「仕事できるね！」と言われたり、誰もが認める美人から「かわいい」と言われたりすることがあります。こういう場合も相手の本心がわからず、「それっていやみ？」と思ってしまうこともありますよね。しかし、必ずしもそうではありません。

実は、自分がほめられたいがために人のことをほめている、というめんどくさい人がけっこういるのです。**その話題をもち出せば、自分のことをほめてもらえる、ということを知っているわけですね。**

こんなケースでも、「そう思います？」「どうですかねえ？」などと答えておくのが無難です。ほめられた内容をむきになって否定すると、「そんなことないですよ。あなたのほうがずっと……」なんてことになって、相手の思うつぼ。またほめてもらおうと話しかけられるかもしれません。できれば避けたい展開です。

ANSWER

相手の言葉を否定しないで。「そう思います？」とボールを投げ返しておこう。

TIPS.1

いい加減がちょうどいい！心地よい距離を保つコツ

相手を変えようと思わない

上司がいちいち口うるさくて、仕事がやりにくいんです。
あいつより遅れてるぞ、とか、俺ならこうはしなかった、とか。
もっと僕を信じて仕事を任せてくれると、いいんですけど……。

うん。まめに仕事へ関わってくる上司に、もっと信頼してほしいのですね。
それは、「仕事を任せてくれる上司」に変わってほしいと思っているってことです。でも、それってとっても難しいんです。
たとえば、上司のことを嫌だなと思っても、上司を選ぶことは、基本できません。同じように、他人を変えることは、自分の努力だけではどうにもならないのです。

ふむふむ。だから19ページのように、「自分が変わっちゃおう」という戦略が、人間関係の基本戦略ってわけですね。

そうです。上司の言葉を受け流すようにしたり、上司がたくさん関わってくるのは、「上司が私にすごく期待しているからだ」と解釈したり……。

そっかー。

でも、苦労しているこっちが、さらに変わらなきゃいけないなんて、損している気がします。

そうですね。

では、耳障りな言葉やきつい言動など、上司の嫌な点については、生きていくための学びととらえてみたらどうでしょうか？

全然参考にならないんですけど、学びですか？

うん。正解を教わるだけが学びじゃなくて、不正解やしんどい場面を知っていくことも学び。残念な例ですね。

つらいはつらいけど……。

たとえば、「いちいち口うるさいと、部下のやる気をそいでしまう」とか、「仕事を任せないと、部下の自主性が育ちようがない」とか。

なるほど、いわゆる反面教師ですね。

そんな受け止めができると、自分がいざ上司の立場になったときには、きっと相手によいふるまいができると思いますよ。

わかりました。じゃあ、「部下にこういうことはしないリスト」をつくってみようかな。

うん。とてもいいと思います。

あいつより遅れてるぞ!
俺ならもっと
この人は変わらないんだな
関わるのヤダ…
ガミガミ
その上司は残念な例を教えてくれていると考えてみては
しんどいけどね
残念な例
ダメな見本
ハッ
ガミガミ
耳障りな言葉
きつい言動
ひらり
うわぁ
僕はこうならないぞ

第2章

「ねっとりとした関係」がしんどい

そんなに関わりたくはないけれど、
無視するわけにもいかない微妙な関係。
うまく距離をとりながら、
無難に乗り切るにはどうしたらいいんでしょう？

CASE
06

気乗りしない誘いだけど、うまく断れない

何かと理由のついた飲み会。誘われないと少し寂しいけれど、あまりたびたびだと、「行きたくないな……」というときもあります。でも、断るのって、とっても難しいんです。完全に外されてしまうのも困るし。

気の合った仲間たちからのお誘いでも、「きょうは行く気になれないな」ということはあるでしょう。早く家に帰ってやりたいことがあるとか、今月は少し倹約しなくてはいけないとか、今夜は一人でいたいとか、理由はさまざま。特に理由などなくても、「なんとなく気が乗らない……」ということだってあります。

そんなときは断ればいいと思いますが、できることなら感じよく断りたいものです。相手が気分を害するような断り方ではなく、誘ったほうも、断るほうも、笑顔でいられるような断り方ってないでしょうか。

ウソを言っても大丈夫

僕自身がよく使うのですが、占いのせいにしてしまう、という方法があります。たとえば、「きょうのラッキーアイテムはお風呂なんですよ。早く入らないといけないので帰りまーす」とか、「きょうはお酒を飲んだらダメって占いに出てたんですよ」などと、明るく言い切ってしまいます。**自分の考えで断っているのではなく、占いのせいだ、という形にしておくのです。**

もちろん占いの内容はウソですが、ウソだとわかってしまう内容でかまいません。

ポイントは、茶化してしまう点にあります。深刻な顔で、「きょうはちょっと……」などと断るより、明るく断れます。相手も笑顔になって、「しょうがねーな。早く帰って、風呂入ってろ」なんて言ってもらえたら大成功です。

ただ、このやり方は、人を選びます。いつも冗談を言って周囲を笑わせているような人には向いていますが、そうでないイメージを抱かれている人だと、なかなか占いのせいにはできないかもしれません。

それでも、何かのせいにしておくのが無難です。たとえば、「この後、歯医者さんの予約が入っているので」などと言うのはどうでしょうか。私は断りたいと思っているわけではないんだけど、予約が入っているので仕方がない、という形にしておくのです。人間関係で疲れてしまわないためには、上手にウソをついたほうがよいときもあるのです。

自分の評価を外に求める人は群れたほうがいい

たとえ気乗りしない誘いでも、断ること自体が無理、と感じる人がいます。いつもグループの人たちと一緒にいることで安心感を得ている人は、それが失われることに不安を感じてしまうのです。

そもそも人はどうして群れたがるのでしょうか。

いつも一緒にいる人たちから離れると、「陰で何か言われているかもしれなくて怖い」「どう思われているのかわからなくて怖い」と感じてしまうのでしょう。**積極的に群れていたいというより、安心を得たいから群れておこう、と考えるのだと思います。**

群れることで生じるめんどくささも当然あります。時間的にも精神的にも制約が多くなり、勝手気ままに行動することはできませんし、仲間に合わせなければならないこともあります。自由な一人の時間も失われます。

それでも群れていたいと感じる人は、そうしたマイナスを打ち消すくらい、今みんなでどんなことを話しているんだろう、ということが気になるのでしょう。外されることに対する不安もあるのかもしれません。誘いを断って、あれこれ心配しているのにくらべたら、多少めんどくさくても、群れておいたほうが当人は楽なのです。

一方、ほかの人が自分をどう見ているか、どう評価しているか、ということにはあまり関心がない人もいます。こういう人は、めんどくささを感じながら群れているより、一人で過ごす時間のほうがよっぽど好きなのです。

わざわざ群れることにメリットを感じない人は、気乗りのしない誘いなら、さっさと断ってしまえばいいでしょう。前に述べたように、占いなんかを使ったり、上手にウソを織り交ぜたりして、感じよく断れたら理想的です。

自分の評価を外に求めてしまう人は、気乗りしない誘いであっても、無理して断る必要はないと思います。がんばって断っても、その後ずっと気になっているのだとしたら、つらすぎます。こういう人は、大きなストレスを抱え込まないためにも、誘いをむやみに断らないほうがいいでしょう。それでも群れるのがつらくなったら、もう一度、自分の大切にしたいことは何か考えてみましょう。

ANSWER

断るときは何かのせいにしよう。
人の目が気になるタイプは
断らないほうが楽なことも。

CASE 07 ランチや飲み会に、誘われたくない

いつも一緒にランチに行ったり、たびたび飲み会に誘われたりするのが苦痛という人がいます。毎回断るのもめんどくさいですよね。こんな人は、あまり誘われないようにしておくと気が楽。そっとしておいてもらうには……。

何回も誘ってくれているのに、そのたびに断るということが続くと、心が疲れてしまいます。だからといって、いつも一緒にランチに行ったり、たびたび飲み会に参加するというのも気が重い……。そんな人は、「私は一人の時間を大切にしています」ということをアピールしておくといいでしょう。

たとえば、**「家に帰ったら、いつも30分くらいヨガをしている」とか、「お昼休みは資格を取るための勉強をしている」とか、そんな話で「一人の時間を大切にしている」ことをアピールしておくのです。**

すると、誘いを断るときに納得してもらいやすいし、だんだん誘われる回数も減ってきます。嫌われてしまうからではありません。「あの人は一人の時間を大切にしている人」というイメージが定着してくるからです。これでもう疲れなくてすみます。

ANSWER

日ごろから「一人が好きな人」だというイメージづくりをしておこう。

CASE
08

対立する二つの意見。どっちもどっちだけど……

友人二人の意見が合わず、板ばさみになってしまうことがあります。両方からお互いの悪口を聞かされ、「あなたは味方だと信じてる」などと言われる状況。慎重に対応しないと、めんどくさい事態になってしまいそう。

よくある状況です。気をつけなければいけないのは、もめているAさんとBさんのどちらにもいい顔をしておく、という対応です。特に自分に関係のない話だった場合、めんどくさいのでついそうしたくなります。Aさんの前では「あなたの考えてることは正しい」と言い、Bさんの前でも「そうだよね、そう思って当然」と言っておく、というような対応です。

その場では波風が立たないし、楽な方法ですが、**あなたが両方にいい顔をしていたことを二人が知ったら、とんでもない事態になってしまいます。**そうならないためにも、これはやめておきましょう。

どちらにも厳しくするのは、どちらにもいい顔をするよりマシですが、二人の友人を失う可能性があります。これも上手な対応ではありません。

どちらかと敵対する関係にならない

こういう場合には、それぞれの話を聞くのではなく、**あなたを含めて三人がそろう場をつくるようにします。これがとっても重要です。**そこで二人の話を聞かされるわけですが、それに対して、どちらの意見も否定せず、かといってどちらの意見も肯定しきらないようにします。

たとえば、「Aさんの言うことは理解できる。でも、Bさんの言っていることもわかるなー」というような感じにしておくのです。どちらの意見も理解できると伝えて、自分を〝善意の第三者〟という立ち位置にしておきます。**どちらの味方でもないけれど、なんとかしたいと考えている善意の第三者です。そして、それ以上は踏み込まないようにします。**

どちらが正しいと言わないことで、「はっきりしない人」、「私の味方ではないんだ」と思われるかもしれませんが、それでいいのです。いちばんまずいのは、どちらかと敵対する関係になってしまうこと。そうならないために、「Aさん、言いたいことはよくわかる。でも、Bさんの言ってることもわかるな」という立ち位置をずらさないようにしましょう。

「オウム返し」で両者の言い分を近づけていく

精神科の臨床現場では、患者さんの話を聞くときの基本テクニックとして「オウム返し」があります。たとえば、患者さんが「朝、会社に行くのがつらいんです」と言ったとき、「そうですか。朝になると会社に行くのがつらく感じられるんですね」と返すわけです。

患者さんが言ってきたことに対して、オウム返しにするだけ。それで会話が成り立ちます。「もう死にたいんです」と言われたら、「そうですか。死にたいと思うほどつらいんですね」と返します。**話した人は、自分の言ったことを聞いてもらえた、わかってもらえた、という安心感を抱くようになります。**

このテクニックは、意見の食い違うＡさんとＢさんの話を聞くときにも使えます。

単純なオウム返しでは、Ａさんの意見とＢさんの意見は、平行線をたどって歩み寄ることはありません。それを歩み寄らせる高度なテクニックもあります。

たとえば、ＡさんはＣくんのことを嫌いで、「ひどい人」だと言っています。一方、ＢさんはＣくんを「いい人」だと言っているとしましょう。

Ａさんが「Ｃくんなんて大嫌い！」と言ったときには、「なるほど、ＡさんはＣくんのことをどちらかというと苦手に思ってるんだね」といった具合に、ちょっとずらしてオウム返しします。Ｂさんの意見のほうに、ほんの少し寄せていくのです。

Ｂさんが、「そんなことない。Ｃくんはすごくいい人です！」と言ったときにも、ちょっとずらして、「そうか、Bさんにとっては、Cくんは意外と悪くない人なんだね」という形でオウム返しします。Aさんのほうに少し寄せるのです。

こんなことを繰り返して、AさんとBさんの気持ちを、少しずつ近づけていきます。

もちろん、二人の意見が重なり合うことにはなりませんが、それでいいのです。だんだん気持ちが近づいてきたところで、「Aさんの言っていることは理解できるし、Bさんの言ってることもわかるな」というところにもち込みます。Aさんにとっても、Bさんにとっても、あなたはしっかり話を聞いてくれた〝善意の第三者〟であるはずです。

ANSWER

両方がそろう場で、「Aもわかるし、Bもわかる」と第三者の立場に立とう。

CASE
09

仲たがいしている二人の間で、どうふるまえばいい？

自分とは仲のよい二人が仲たがいした場合や、職場の二人の上司が犬猿の仲だというような場合、両者の間でどうふるまえばよいのでしょう？片方の人と食事に行ったりしたら、波風が立ちそうです。

できることなら、二人のいざこざには巻き込まれたくないですね。そのためには、どちらかの味方だととられるような行動は避けておきましょう。

たとえば、どちらかの人から食事に誘われたとしても、なんだかんだと理由をつけて断ります。片方の人に対してとれない行動は、もう片方に対してもとらないのが基本です。

片方の人から誘われたときに、もう片方の人も加えて「三人で行きましょうよ」と提案してみるのもいいかもしれません。

どちらの味方でもない自分の立ち位置を明確に伝えられるし、二人のいざこざになんか興味がないことや、本当は三人で楽しくやりたいんだ、という気持ちを伝えることもできるからです。

ANSWER

どちらか一方にして、もう一方にはしないっていう行動は避けたほうがいい。

CASE
10

仲よしだと思っていたのに、陰口を言われていた

慕ってくれる職場の後輩が、私の悪口を言っているのを聞いてしまった。親しい友人がひどいことを言っていると聞かされた。——こんなひどい体験をしたとき、どうしたら落ち込まずにいられるでしょうか。

なんとも嫌な気持ちになってしまいそうな状況です。仲よしだと思っていた人に裏切られたというショックもあるし、何を言われたかにもよりますが、言われた内容によって傷つくということもあると思います。

まず自分の気持ちを立て直すために、**陰で人の悪口を言っているような人なんて、ほかの場所できっと悪く言われているに違いない、と考えることにしましょう。**

実際、悪口は言った人に返ってくるもの。いつも人の悪口を言っている人は、悪口を言うのが好きな人たちの間では、格好の餌食になってしまうものなのです。

どうして陰口を言われたのだろう？

少し冷静になれたら、「陰口を言われたりするのは、自分にまだ至らなさがあるからかな」と考えてみるのもいいでしょう。

私たちは日々いろいろなアウトプットを行って生活していますが、そのアウトプットの方法に、何か人に悪口を言わせたくなるような要素が含まれていたのかもしれない、と考えてみるのです。

自分にはその気がなくても、人を不愉快にさせてしまっていることなんていくらで

もあります。陰口をたたかれる自分には、まだ至らない点があったのかもしれないな、と考えてみるのです。よくよく考えてみると、何か思い当たることが見つかるかもしれません。

そうやって反省の材料にすることができたら、陰で悪口を言われるというひどい体験だって、自分を成長させるための貴重な体験として活かすことができます。

陰口を言われるなんて悪夢のようですが、傷ついているだけだと言われ損です。ただへこんでいるのではなく、ただ腹を立てているのではなく、自分にとってプラスになるように活かしましょう。

うまくいけば、短期間のうちに立ち直ることができます。

ANSWER

陰口を言ったあの人には
やがて陰口が返ってくる。
バチ当たりだなと考えよう。

CASE
11

その場にいない人の悪口大会が始まった

その人の耳に入らなければ何を言ってもいい、という感じで盛り上がる悪口大会。みんなも言っているんだからという安心感もあって、つい一緒になって悪口を言ってしまうことも。そんな自分が嫌です。もしかして私も言われてるのかな……。

いつもは仲よしなのに、何かの拍子で、そこにいない人の悪口が始まってしまうことがあります。こんなとき、どうすればよいのでしょう。

いろいろな選択肢があると思いますが、おすすめしたいのは、「悪口大会には参加しない」という方法です。みんなが次々と悪口を言っていても、あなただけは何も言わないようにします。

みんなが言っている悪口を、いちいち否定する必要はないでしょう。**ただ、あなただけは人の悪口を言わないようにするのです。**

悪口を言わないって、そんなに難しいことではありません。自分が悪口を言われる側だったら、と想像してみてください。嫌ですよね。自分のいないところで、みんなが悪口を言っているなんて、とても耐えられません。

自分がそんなことをされたくないから、自分もしない。そう決めてしまえばいいだけのことです。

一人だけ悪口を言わないでいると、仲よしグループの中で浮いてしまうのではないか、と心配する人がいるかもしれません。しかし、そんな心配は不要です。

陰で悪口を言いすぎて墓穴を掘る人はいても、悪口を言わないことが問題になることなんて、まずありません。なぜなら、悪口の標的になりやすいのは、なんといっても、いつも人の悪口を言っている人だからです。

ポジティブワードを積極的に発する

人の悪口のようなネガティブワードを言わないとはいえ、何もしゃべらないほうがいい、というわけではありません。それだと「何を考えているのかわからない人」と思われてしまうことがあります。「悪口を言わなくて、いい人なんだろうけど、本当は何を考えてるんだろうね」となってしまうわけです。

そうならないためには、ポジティブワードを積極的に発していくようにするとよいでしょう。

たとえば、よいと思ったことに対しては「すばらしい！」と言えばいいし、よくないと思ったことには、「それはよくないと思う。だからこうしたら素敵じゃないかな」といった感じで、ポジティブワードを発していくのです。

こうしておけば、「あの人、何を考えているかわからない」とはならずにすみます。

いつも悪口を言わないでいると、「絶対に人を悪く言わない人」「いつも裏表がない人」という評価が仲よしグループの中で定着してきます。

そうなってくればしめたもので、あなたは悪口の標的になりにくくなります。なぜなら、いつも悪口を言わないあなたのことを、みんなが悪口の標的にしようとは思わないからです。

そうなるまでに時間はかかりますが、「悪口を言わない人」というイメージが定着してしまえば、もう陰口をたたかれるような心配はないでしょう。そうなれば、人との付き合いはすごく楽になります。

ANSWER

悪口は言わないと心に決める。代わりに、ポジティブな発言をどんどんしよう。

TIPS.2

自分を責めすぎない

いい加減がちょうどいい！心地よい距離を保つコツ

グループ付き合いとか、みんなで一緒にとか、そういうのが私は苦手。誰といても落ち着かなくて、疲れます。

よくわかります。気づまりを感じる人間関係ってありますね。

私って、うまく人間関係を築けないタイプなんだと思います。

いやいや、誰にだって、苦手なタイプの人っていますよ。どうもウマが合わないというか、「どうしてそんなことばっかり言うのかな」と思ってしまうような人だっています。そんな人と一緒にいると、自分の気持ちが下がってしまって、メンタルをよい状態に保てなくなってきます。

なんとかしようと、がんばってはいるんですけど……。努力が足りないのかもしれません。


優しい人ですね。でもそんなに自分を責める必要はないですよ。

もっと相手のせいにしちゃっていいんです。

僕は苦手な人といて、気持ちが下がってしまいそうなときは、「この人はすごい魔力を持ってるな」とか、「人を不快にさせる天才だ」なんて考えることにしています。

それが、自分のメンタルを守ることにつながるからです。


人のせいにしちゃってもいいんですか？


いいんです。

相手にだって落ち度はあるんだから、自分だけに問題があるなんて考えないほうがいいですよ。

みんなで鍋パいこーよ！
ジャーン
ビアガーデンで夏の鍋パ
HOT SUMMER
夏なのに!?
楽しそー♥
いくいく!!
暑いの苦手…だけどいくいくー！
のりわるーい
ヤッター！
人間関係難しい…
私、ダメなヤツだ…
そんなに自分を責めないで！
ほわんほわん
ほわん
相手にも至らないところはある！
お互い様だ
先生ﾛ
鍋サイコーだった！またいこう!!
うん
苦手なところになんども誘うなんて手ごわい人だ…!!

第3章

「不機嫌な人」に巻き込まれる

誰の近くにもいるはず。いつも不機嫌で、
周りの人たちを不幸に落とし込む、悪魔のような人が……。
自分が傷つかないために、対処法を知っておきましょう。

CASE
12

「言われなくてもわかるだろ」と言われても、わからない

上司が何を望んでいるのかがわからないので、いつもきついダメ出しを食らっています。企画書をつくれと言われて、40 枚の企画書をつくったら、A4 1 枚の企画書が必要だったと後で言われて……。先に説明してほしい。

まず、きついダメ出しについて考えてみましょう。

きつい言葉で怒鳴られたりすると、言われた側は精神的につらい状態に陥ります。

そういうときには、できるだけ都合よく解釈するようにしましょう。

きつい物言いをする人というのは、そういう言い方をしたとき、言われた側がどんな気持ちになるか、想像することができない人なのです。あなたを精神的に追い込もうなどと考えて言っているわけではなく、想像力が働かないので、相手をつらい状態に追い込んでいる自覚もないまま、きついことを言っているのです。

あの人には想像力というものがないんだね、と思ってください。少しだけ気持ちが楽になります。

いつも怖い顔をしていて、何かあればすぐに怒鳴ったりするのは、〝くずし方がわからない人〟だからです。いつも正座していて、あぐらをかくことができない人、といってもいいでしょう。不器用なんですね。

「ああ、そういう人なんだな」と考えると、ちょっとかわいらしく見えてきませんか。

こういう人について、「A課長って、ほんとにムカつく！」「管理職として最低だよね」などと言っていても、こちらの気持ちはいい状態になっていきません。そう決めつけてしまうと、決めつけている自分のほうが、器が小さい人間のように思えてきたりします。

そこで、「不器用な人なんだ」と愛情をもって評価したり、「いつもしかめっ面してるけど、笑うことあるのかな」などと心の中で茶化しておいたりします。そのほうが、こちらの精神状態をいい状態に保つことができるからです。

一歩立ち止まって、〝常識〟を疑おう

1枚の企画書が必要だったのに、40枚の企画書をつくってしまった人は、上司の言葉を理解するときに、〝誤変換〟が起きている可能性がありそうです。たびたびこんな経験をしているなら、対処法を考えたほうがいいでしょう。

こうした失敗を防ぐために実行してほしいのは、自分の常識を疑う、ということです。

たとえば、「企画書といったらふつう数十枚の書類だよね」という〝あなたにとってのふつう〟を疑ってみましょう。あなたはふつうだと思っていても、世間ではそうではないかもしれません。

そのためにも、いったん立ち止まって考えるようにします。「企画書をつくっておいて」と言われて、いきなり40枚の企画書をつくるのではなく、「何に使う企画書なのか」「誰が見るのか」といったことを、考えるのです。

この段階でそれを上司に聞いていれば、的外れな企画書にならなかったはずです。

もちろん、きちんと指示を出さなかった上司にも問題はあります。しかし、そういう上司だとわかっているなら、なおさらたびたび立ち止まって確認したほうがいいですね。何か指示されたら、パパッと始める前に一息入れる。それが習慣になれば、もうきついダメ出しを食らうこともなくなるでしょう。

ANSWER

いや待てよ、と一息入れて考えるクセをつけよう。

CASE
13

空気が読めなくて、相手を怒らせてばかり……

妻にゴミ出しを頼まれたので、「いいよ」と言って玄関で待っていたら、各部屋のゴミを集めるところからやるのが当たり前と怒られた。食器洗いをしたときも、食器をしまう場所がいつもと違うと不機嫌そう。一体どうしたらいいんでしょう？

やる気はあるし、自分ではちゃんとやっているつもりだったのに、妻を怒らせてしまう。これもなかなかつらい状況です。おまけに、自分ではミスをしたという自覚がないので、「どうしたらよかったの？」と困ってしまうことになります。

ゴミ出しについては、各部屋のゴミをまとめたゴミ袋が玄関に置いてあるのを、街角のゴミ収集場所まで持っていけばいいのだ、とあなたは思っていました。ところが、妻のほうは、各部屋のゴミを集めるところからの仕事を頼んだつもりで、「ゴミ出しするなら、それが当たり前でしょ」と思っているわけです。

食器洗いに関しては、あなたは「食器なんてどこにしまってもいい」と思っているのでしょう。でも、妻はそのようには思っていません。

もし、患者さんでこのような人がいたら、「奥さんにはいつもニコニコしていてほしい、と思っているんですよね？」とたずねることにしています。

「もちろんですよ。怒らせたいなんて思っていないし、できることならニコニコ笑顔でいてほしいと思っています」という答えが返ってきたら、「それじゃあ、いろいろ考えていかないといけませんね」とつなげていきます。

笑顔でいてほしいというのであれば、こちらから積極的に働きかけることも必要に

なってくるからです。もちろん、妻だけでなく、友人や職場の人など、周囲の誰に対しても同じことがいえます。

頼まれたときに、具体的に聞いておく

まず、ものごとには理由がある、と考えましょう。妻がイライラしたり、機嫌が悪くなったりするのには理由があるということです。

たとえば、ゴミ出しについては、「ゴミ出ししておいて」と言われたときに、あなたがイメージした仕事の内容と、妻がイメージしていた仕事の内容は、かなり大きくずれていました。

玄関にゴミ袋がなかった時点で、「あれ？」と気づけばよかったのでしょう。そこで相手とのイメージのずれを考えていれば、「ああ、そういうことか」と気づいたかもしれません。しかし、自分で気づくのは難しいものです。

こんなとき、イメージのずれを簡単に修正する方法は、相手に聞くということです。

ゴミ出しを頼まれたときに、具体的に何をすればよいのかを聞いていれば、問題は起きませんでした。せめて、「ゴミ出しって、ゴミ袋を玄関からゴミ収集所まで持っ

ていけばいいんだね」と聞いていたら、妻は「そんなこともわからないの」と多少イラッとしたかもしれませんが、それほど怒ることはなかったでしょう。

何か仕事を頼まれたら、「了解」と言うのと同時に、「それってこういうことをすればいいんだよね」と確認するようにします。

さらに一歩進めるなら、仕事を頼んだ人がいつもその仕事をどうやっているかを考えて、こうすればいいのかな、と推測する習慣をつけましょう。

ここまでできれば、妻は不機嫌にならず、いつもニコニコの可能性大です。

ANSWER

相手との溝を埋めるには「これでいい？」と相手に聞いてしまおう。

CASE

14

ムラのある上司にふりまわされてシンディ

上司に指示された仕事をするのが苦痛です。きのう言ってたことと、きょう言ってることが違うことがよくある人で、私のやった仕事にはいつも不満みたい。気分屋で前ぶれもなく怒鳴りちらすこともあります。私の仕事の仕方が悪いのかな。

こういう人につかまってしまうと大変です。言われたとおりに仕事をしているのに、結果として評価されないし、場合によっては怒鳴られたりするのですから、なんとも理不尽な話です。

はっきりしていることは、あなたは何も悪くない、ということです。きのう言われたように仕事をしたのに、きょうになると「そうではない」と言われるのでは、納得してもらえる仕事などできるはずがありません。このような態度や気分にムラのある人が上司だったら、誰だって苦労します。

怒鳴られたりしたら、これは〝もらい事故〟のようなものだと考えるべきでしょう。防ぎようがなかったのです。そして、**自分はものすごく難易度の高い仕事をしているのだと自覚してください。**

ANSWER

「誰がやっても、大変な相手」
そう思って、あきらめる。
理由をつけてなるべく離れよう。

CASE
15

誰も協力してくれなくて、いつも損な役回り

あれもこれもと仕事を押し付けられ、もう手一杯なのに、まだ仕事を割りふられたりします。「なんだか損をしているな……」とは思うのですが、いつもそうなってしまいます。なぜなんでしょう？

「なんで私だけ……」と思いながら、いつも人よりたくさんの仕事を押し付けられ、誰も手伝ってくれないので、仕方なくそれをこなしている。

あなたと同じような人が、たぶん多くの職場にいると思います。それどころか、仲のよい友達の集まりでも、趣味のサークルでも、めんどうなことをあれこれ押し付けられている人がいます。家庭の中でだって、気が付いたらあれもこれも自分の仕事になっていた、ということはあるでしょう。

なぜそうなるのかといえば、あなたが仕事を引き受けてくれるからです。

多くの人が、「あの人に頼めばやってくれそう」と思っているから、あなたのところに仕事が集まってきてしまうのです。そして、あなたは「なんだか損な役回りだな」と思いながらも、それを引き受け続けてきたわけです。その結果、テキパキこなす力は身についたかもしれません。でもこれからも続くなんてつらいですよね。

“お人よし”“便利な人”と思われている？

これまでの状況を変えるために必要なのは、あなた自身が「いいように使われていた」と気づくことです。

仕事を押し付けてきた人たちは、あなたが〝お人よし〟で〝断るのが苦手な人〟だということをよく知っています。だからこそ、自分のやりたくない仕事を次々と押し付けてくるのです。

あるいは、みんなのためにめんどうな仕事を引き受けてくれる〝便利な人〟と思っている人たちもいるでしょう。

「そうか、いいように使われていたのか……」と思えたら、そのときがこれまでの状況から抜け出すチャンスです。

腹が立つのが当たり前です。断るのが苦手な人に仕事を押し付けているなんて、許されていいはずがありません。健全に腹を立ててください。

腹を立てることで、断る勇気が出てきます。

あなたは仕事を押し付けられたとき、どうしてそれを断れずにいたのでしょうか。

「断ったりしたら悪い印象を与えてしまう」とか、「相手が期待しているのに、その期待に応えなかったら申し訳ない」とか、そんなことを考えてしまったのではないでしょうか。だから断れなかったのです。

しかし、それによって、あなたは「いい人」と思われたのではなく、「断るのが苦手なお人よし」「便利な人」と思われていただけなのかもしれません。

断るのにも労力が必要ですが、押し付けられた仕事を行う労力も大変なものです。あれもこれも押し付けられて、もう手一杯の状態なら、断る勇気を出したほうがいいでしょう。

あなたが断るのは苦手だということはわかります。**しかし、一度断ってみれば、「ああ、こんなに簡単なことなのか」と思えることでしょう。**

ANSWER

試しに一度、断ってみよう。
「断る人」になると
押し付けられることが減ってくる。

CASE
16

怒られている状況がつらすぎる

怒られる、という状況が苦手です。子どもの頃から怒られる機会が少なかったからかもしれません。自分が怒られるのはもちろんですが、人が怒鳴られたりするのを見ているだけでも、心臓がドキドキしてしまいます。

怒られるのが好きという人はいないでしょうが、怒られるという状況がもたらす反応は、人それぞれです。

どんなにきついことを言われても、どんなに大きい声で怒鳴られても、あまり気にしない人もいます。

その一方で、過剰に反応してしまう人がいるのも確かです。

子どもの頃からの経験、怒られる経験をしてきたかどうかといったことも、関係しているのかもしれません。

怒られている状況を冷めた目で見てみよう

大声で怒鳴られたりしたときは、怒鳴っている人を冷めた目で見て、心の中で茶化しましょう。これがごく簡単にできる対処法です。

たとえば、「こんなささいなことで怒鳴るなんて、人間としての器が小さすぎ」なんて考えてみます。ちょっと心の余裕が生まれてきますね。

「この人、どうしてこれで今の役職についているんだろう。何か秘技でもあるのか」などと考えてみるのもいいですね。心が楽になります。

自分？　他人？　誰が怒られているかを考える

自分が怒鳴られて嫌な気分になるのは健全な反応ですが、他人が怒鳴られているのを見てつらくなってしまうとしたら、感受性が強すぎます。最近注目されているＨＳＰ（ハイリー・センシティブ・パーソン）のことを考えてみる必要がありそうです。

ＨＳＰは、とても感じやすい神経の持ち主で、ほかの人が気にならないことにも敏感に反応します。相手の感情と同調しやすいため、人の気持ちに寄り添うことができる一方、人の苦痛を自分の苦痛として感じてしまいます。

もし、自分にこうした傾向があると思うなら、強みとなる特性は活かしつつも、人付き合いを楽にする対処法を身につけたいところです。

そのために高めたいのが、想像力です。ＨＳＰの共感力の高さは、優れた想像力によるものだと思われがちですが、実は、同調しやすいあまり、客観的に想像する力が足りない場面があるのではないかと考えられます。

ほかの人が怒られているときには、ふつうなら、「あの人は、私には関係のないなんらかの理由で怒られているんだ」と考えます。**そうやって自分から切りはなすことができれば、自分が不必要につらくなったりはしません。**

ところが、状況に応じてどんなことが起きているのか想像することができないと、すべてが自分のことのように感じられてしまうのです。

人が怒られているのに、自分までつらくなってしまう人は、次の方法を試してみてください。

まず、怒鳴り声が聞こえたら、「誰が怒られている？」と考えてみます。「怒られているのは、私じゃない」と認識できれば、その時点で心が楽になるはずです。そして、**想像力を働かせて、「あの人にはあの人なりの怒られる理由があり、それは私とは関係ない」と思い至ることで、自分と相手を切りはなすことができるでしょう。**

ANSWER

「ミスと自分自身は別物」
「あの人と自分は別の人」
分けて考えることで気を楽に！

CASE
17

最近、ぜんぜんほめられない。自分は必要とされていない？

がんばって仕事をしていますが、ほめられたり、評価されたりすることがまったくありません。「この職場にとって、自分はきっと必要ない存在なんだな……」と考えることがよくあります。

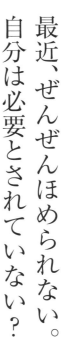

職場で悩みを聞くと、「自分が必要とされている人材なのかどうかわからない」とか、「自分が戦力になっているかどうかがわからない」といった悩みが出てくることがよくあります。

こういった悩みをもつのは、比較的まじめな人に多いようです。「ぜんぜんほめられないし、よくやったとも言われない」といった理由だけで、自分は本当に必要なのだろうかと心配になってしまうのです。

こんなふうに考えてしまう人は、仕事でがんばって、それがうまくいったら、ほめてもらえる、評価してもらえる、ということを期待しているのでしょう。

そういう「一対一対応」を期待していたり、そうあるべきだと思っていたりする人は、仕事がうまくいったのにほめられもせず放置されると、「評価されてないのでは」と気になってしまいます。

何も言わなかった上司は、案外「何も言わないっていうのは、まあほめているようなものでしょ」と思っていたりします。仕事とは、そんなものなのです。

仕事がうまくいったらほめられるはず、といった思い込みは、捨て去ったほうがよいでしょう。

あいまいさを受け入れよう

もう一つ重要なのは、自分が職場に必要とされているかどうかを、白か黒かの二者択一で考えないということです。

「必要とされている」から「必要とされていない」までのグラデーションで考えるべきで、多くの場合、そのどこかに位置しています。かなり白に近いグレーもあれば、黒に近いグレーもあります。

ところが、白と黒の二者択一で考える人は、実際はグレーで、「できないこともあるけど、あなたのおかげで助かっていることもある」と周りは考えているのに、「自分は必要とされていないんだ」という評価になってしまったりします。これでは正しく評価していることにならないし、必要以上に自分を苦しめることになってしまいます。

「仕事に対して評価が得られていない」「自分は必要とされていない」「戦力外通告されたようなものだ」「会社には自分の代わりはいくらでもいる」――こんなふうに考え始めたら、そこはもう抑うつ状態の一歩手前です。

グラデーションで考えられると、たとえ自分がどこにいるとしても、「もっと必要とされるためにがんばってみよう」と考えることができます。

白と黒の二者択一で考えてしまうと、絶対に白という場合には、努力したり創意工夫したりする意欲がわいてきません。逆に黒だったら、そもそもやる気が出てこないでしょう。

あいまいさを受け入れ、グラデーションで考えることによって、余計な不安を抱え込まなくてすむし、健全なやる気を引き出すことができます。

ANSWER

文句のつけようがないから
何も言われないのかも。
自分に都合よく考えよう。

TIPS.3

いい加減がちょうどいい！心地よい距離を保つコツ

グラデーションで考える

会社を辞めようと思っています。いわゆるブラック企業なんです。連日のように残業だし、僕のいる部署は、いきなり休日出勤を命じられることもあります。おまけに上司は怒鳴るし。できれば辞めたくはなかったけど、もうこれ以上は無理、という感じです。

会社を辞めるのが悪いわけではないけれど、じっくり落ち着いて考えてみたのかな？

はい、ずっと考えていたんです。このまま我慢して働くか、会社を辞めるか。

でも、もう無理だと思って。

「今のまま」か「会社を辞める」か、という二択で考えたわけですね。でも、その二つ以外にも、いろいろな選択肢が考えられるのではないですか？

白か黒かじゃなくて、その間をグラデーションで考えてみるといいと思うけど。

その間の選択肢なんてあるかな……？

一緒によく考えてみましょうよ。

数日後……

あれから、いろいろ考えてみました。

ほかの部署への異動願いを出すとか、手抜きをして適当に働くことにするとか、数日間休暇を取って休んでみるとか。

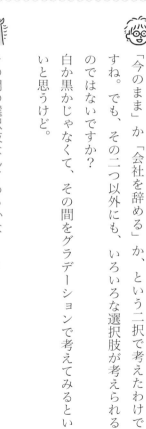

もう辞めるー!
明日までにやっといて
ドンッ
チュンチュン
全部やり直し
ビリッ
こんな会社にいられないー!
このままか、やめるか、その2択だけじゃないよ!
ほかの可能性も考えてみたら?
ほかの…?
その他
辞める
続ける
その他
その他
その他
その他
ほかの可能性…
サボる
異動願
告発する
休みをとる
確かにある…!
とりあえず一日休みをとることに
できないときは断ってみよう…

二択ではなく、いろいろな可能性を考えてみたのですね。

はい。でも、いろいろ考えてみた結果、やっぱり今の会社は辞めて、転職しようかなと思っています。

これでよかったのかな、という不安はありますけど。

いろいろな可能性を考えて、最終的に一つの決断にたどり着けたというのが、すばらしいと思いますよ。

もちろん、転職がいい結果につながるかどうかは、誰にもわかりません。

でも、大丈夫。この決断が間違っていたときは、頭をかきながら、またどうするか考えればいいんですから。

はい！　まず踏み出してみることにします。

第4章

「境界線を越えてくる人」と距離がとれない

常識の範囲を越えて「ぐいぐい来る人」は、
こちらが困っていることなんか理解していません。
境界線を踏み越えてくるめいわくな人と、
うまく距離をとる方法があります。

CASE

18

意見を押し付け、コントロールしてくる

「君もそう思うだろ」と意見を押し付け、「君のためだから」と仕事を押し付けてくる上司。ファッションや付き合う相手、週末の予定など、あらゆることに介入してくる親。できれば関わりたくないけど、そうもいかなくて……。

やめてほしいですよね。こういう人が身近にいるのは疲れます。

自分の意見を押し付け、自分の思いどおりにしようとする過干渉な人というのは、だいたいが独善的で、あまり融通がきかない人たちです。

どんなことに対しても、自分独自のものさしを当てて、「絶対にこうだ！　こうしたほうがいい！」と弾力性のない考え方をします。そして、自分の意見を押し付けてくるのです。

それが正しいと信じていて、「これこそが正論である」と意見をぶつけてくるので、多くの場合、意見の交換や人間的なコミュニケーションは成り立ちません。

こういう人に気に入られて、あれこれ干渉されるのは、なんともつらいものです。

距離をとらないと、自分を失いかねない

きっぱり関係を断ってしまっていい相手なら、そうすればよいと思います。しかし、相手が職場の上司だったり家族だったりすると、あっさり関係性を断ち切るということもできないでしょう。そこがつらいところです。

ただ、何もせずに相手の過干渉を許していると、どんどん干渉が強まり、最終的に

はあなたをコントロールしようとしてくるに違いありません。

これを放っておくと、本当につらい状態に追い込まれてしまう可能性があります。

心がけたほうがよいのは、べったりとした関係にならず、うまく距離をとってやっていく、ということです。

すっぱり断ち切ってしまったほうがよいのですが、そうするわけにもいかないという場合は、ほどほどの距離をとって付き合うようにします。**しっかりと距離がとれていないと、自分の軸となる部分が、知らないうちに相手に壊されたり、どんどん侵食されたりする恐れもあるので注意してください。**

「使えないやつだな」とあきらめてもらう

ほどほどの距離を保つためには、次のことを試してください。

意見を押し付けられたときは、「そうですね」と興味のない顔で受け流しておきます。

賛同するのでもなく、反論するのでもなく、関心のなさを前面に出します。

仕事を押し付けられたときは、放っておくわけにもいかないので、がんばりすぎない程度にこなします。

周りからの過干渉に関しては、もめない程度に話は聞いておき、基本的には無視すればいいでしょう。**いちいち反論して言い合いになるのは、相手の過干渉をエスカレートさせるだけです。**

こうして、ほどほどの距離を保つようにします。特に仲がよいわけではないけれど、話もできないほど悪い関係になっているわけではない、という距離感がちょうどよいと思います。

きっぱりと反対意見を言ったり、仕事を断ったりして、相手ともめるのは得策ではありません。

たとえば過干渉してくる上司が相手なら、憎まれるのではなくて、「あいつダメだな」とか、「使えないやつだな」などと思われているくらいがちょうどよいのです。

「一時期ちょっと期待していたけど、やっぱり使えないな」などという評価が下るような関係が理想的です。

干渉してくる家族からも「期待に応えない子（人）」などと思われていたほうがよいでしょう。**過干渉を逃れるためには、相手の期待があまり大きくないほうがいいのです。**

そんなほどほどの距離をとっておくことをおすすめします。

ANSWER

関係性を断てないときは相手があきらめて距離を置いてくれるような関係に持ち込もう。

CASE
19

内緒ばなしをバラされて困っている

あの人だけには言ってもいいと思って秘密の話をしたのに、その話をたくさんの人にバラされてしまいました。秘密にしてくれると思っていたので悲しいし、みんなに知られてしまって困っています。

「絶対に秘密だよ」と言っておいたのに、その話を聞いた人がほかの人に話してしまうといったことは、世の中ではいくらでも起きています。とても多いトラブルです。

もちろん、とことん秘密を守る口のかたい人もいるでしょうが、「ここだけの話だけど……」などと言いながら、何人もの人に話してしまう人もいます。バラしてしまう人は、たいていいつだって秘密を守ることなんかできないのです。

内緒にしてもらえると思った話が、人に知られたくない内容だったのなら、あなたは誰彼かまわず話をしたのではなく、相当真剣に人を選んで話をしたはずです。この人なら大丈夫、と信じたから話したわけですね。

その信頼した人が秘密の話をバラして回っているのだとしたら、自分には人を見る目がなかったのだ、と考えるべきなのかもしれません。「この人なら大丈夫」と選んだ相手が悪かったのです。

しかし、相手に誰を選んだとしても、あなたが話をしてしまった以上、それをバラされないという保証はどこにもありません。

もし誰にも知られたくない秘密なら、その話は誰にもしないほうがいいのです。出回ってほしくない話は誰にも言わない。――これが基本です。

人に知られたくない話は、墓場までもっていくと決めておきましょう。その覚悟で最初から口を閉ざしていれば、へんなトラブルに巻き込まれてつらい思いをすることもありません。

気持ちよく話させてもらったことでよしとする

しかし、あなたはその話を、誰かに聞いてもらいたかったのではないでしょうか。みんなに知られたくはないけれど、誰かに話を聞いてもらいたい。そんな気持ちになることは誰だってあります。

たとえば、自分一人で背負っているのがつらい話でも、「実はね……」と話をすることで、そしてそれを誰かに聞いてもらうことで、気持ちが軽くなったりすることがあります。聞いてもらうことで、自分の中の荷おろし作業が終了するからです。そんなことを、あなたは望んでいたのではないでしょうか。

もしそうだとしたら、「話を聞いてもらえてよかった」「気持ちよく話せてよかったな」と思うようにしたらどうでしょう。

その話をほかの人にバラされてしまったのはショックだったとしても、話を聞いてもらうことは、あなたにとって意味があることだったのですから。

「気持ちよく話させてもらった」と考えることができると、気持ちが少し楽になると思います。

話をバラしてしまう人たちの果たしている役割

「内緒だよ」と言われて聞いた話でも、黙っていられず、次から次へと話して回るような人がいます。こういう人は、いつも同じようなことを繰り返しています。

ふつうに考えれば困った存在なのですが、人々の間でそれなりの役割を果たしているようにも思えます。

たとえば、自分では直接言いにくいことや、自分からわざわざ言って回るようなことではない話を、うまく広めてくれたりします。花の受粉をする蜂のような役割とも言えますね。あるところで聞いた話を、こちらで話し、あちらで話すことで、いつの間にかみんなに広まっていくのです。

自分自身で言って回ったら、自慢話のように聞こえてしまう話ってありますね。みんなに知ってほしいけど、自分でそんな話をするのは苦手、という人もいるでしょう。そういうときは、人に話してしまいそうな人に話してみるといいでしょう。蜂が花から花へと花粉を運ぶように、いつの間にか、たくさんの人にあなたの話が伝わっていくことになります。

うわさ好きの人、秘密の話を内緒にしておけない人たちは、自分では自覚しないまま こんな役割を果たしているのです。

ANSWER

誰かに何か話すときは
みんなに知られたくないこと
ではなくて、
みんなに知ってほしいことを
話すように心がけよう。

CASE
20

初対面なのに、あれこれ詮索される

転職して配属された新しい職場。みんなやさしくて、アットホームな雰囲気なのはいいのですが、プライベートなことをあれこれ聞かれるのが苦痛です。みんなは以前からの知り合いでも、私は初対面なので……。

転職した人や新入社員が、配属された職場の雰囲気にとまどいを覚えたり、どう溶け込んでいったらいいのだろうかと困惑したりするのは、仕方のないことです。

このケースの場合は、みんなやさしくて、いい人で、お互いに心を許し合っているような職場なのでしょう。

その一員になることを求められているわけですが、それがちょっと苦痛という人がいても不思議ではありません。

職場などでは、プライベートなことをあまり話したくない、と思っている人がいます。自分のセーフティゾーンをしっかり確保していて、そこには他人に入ってほしくないと思っている人たちです。

その一方で、セーフティゾーンが極端に狭く、職場の人とも家族のように付き合うのが好きだという人もいます。新しい職場には、こういうタイプの人たちが集まっているのかもしれません。そこにギャップが生じているのでしょう。

結論からいうと、無理をして周囲に合わせる必要はないと思います。

職場の人たちが長年かけてつくり上げてきた雰囲気に、「早くなじまなければ」というプレッシャーや強迫観念をもつ必要はありません。

答えたくないときは逆質問する

自分のセーフティゾーンをしっかりもっていたい人なら、それを犠牲にする必要はありません。

なかには、「あなたのことをもっと教えてよ」と、ぐいぐい迫られることがあるかもしれません。そんなときは、「そんなに面白い話じゃないですよ」「たいした話はないんですけどね」などと言って、かわしてしまいましょう。

「いやいや僕のことはいいので、〜さんのことを教えてくださいよ」と逆質問するのもいいですね。たぶん最も無難な受け答えです。

ANSWER

「私の話より、あなたの話を聞かせてください」と相手にボールをわたそう。

CASE
21

あやしい話への熱心な誘い。断りづらい

職場の〝お局様〟に勧められている健康法、なかなか断り切れずに困っています。また、友人からの勧誘はマルチ商法っぽくて危険そうだけど、あまり熱心なので否定しづらくて。そんなお誘いをどう断ったらいいのでしょう？

上手に断りたいですね。〝お局様〟のようなめんどくさそうな相手だったら、なおさらです。

どうやったら、相手に納得してもらいつつ、自分のことをあきらめてもらえるのか。そんな方向に、話をもっていくことを考えましょう。

こういうケースでは、相手が勧めてくるものに対して、「それはおかしいんじゃない？」と反論したくなったり、「ここはどうなってるの？」と弱点をついた質問をしたくなったりするものです。でも、それはやめておいたほうが無難。反論や質問は、勧誘してくる人たちにとって、絶好のエネルギーになってしまうからです。

一言反論しようものなら、ここぞとばかり、その10倍もの説明が返ってくるでしょう。痛いところをついたはずの質問に対しても、その答えを長々と聞かされることになってしまいます。

反論や質問は、相手の言い分の領域を広げることにしかならず、これがどんどん広がると収拾がつかなくなってしまいます。

基本戦略としては、話の範囲を広げてしまわず、どんどん狭めていくようにします。そのためには、嫌われない程度に冷たい対応をするのがよいでしょう。相手にいいよ

うにされないためには、話が盛り上がらないほうがいいのです。

ついていいウソをまじえて、しっかり断る

その健康法で本当に健康になれるのか、その方法で本当にお金がもうかるのか、といった話になってしまうと、相手の思うつぼです。そうならないように、その問題については考える余地もない、という答えを用意しておくようにします。

たとえば、「以前試した健康法でひどい目にあったので、健康法というものにはいっさい手を出さないようにしている」とか、「実は大病をわずらっていて、健康法を試す余地もないし、医師にも止められている」とか、そんな話をして断ります。

相手の勧める健康法がいいのか悪いのかといった話にはいっさい触れず、こちらの事情で、断らざるを得ない状況なのだと説明するのです。

もちろん、この内容はウソでかまいません。上手にウソをついて、相手にあきらめてもらいましょう。

一般的な傾向として〝断れない人〟にはウソをつけない人が多いようです。へんな

苦労を抱え込まないためにも、上手にウソをつくことを考えてください。これはついてもいいウソです。

マルチ商法の勧誘に対しては、「あなたの話がマルチ商法だとは言わないけど、マルチ商法にはまって行方不明になっちゃった学生時代の友人がいてね。身近にそんなことがあったので、どうしても気が乗らなくて」などと断ります。

こういった話も、ウソでかまいません。

相手を傷つけないウソは、人間関係をスムーズにしてくれる

ついていいウソと、ついてはいけないウソは、どこで分けたらいいのでしょうか。簡単な目安ですが、「相手を傷つけるかどうか」、それによって「自分も苦しむことになるか」といったあたりが基準となります。人を傷つけるウソはもちろん、自分が苦しむことになるようなウソならつかないほうがいいのは当然でしょう。

しつこい勧誘を断るためにつくウソは、明らかについてもいいウソです。

ついてもいいウソを上手につくことで、人間関係が円滑に進むことはよくあります。「絶対にウソなんて言わない！」と、愚直に本音だけを言い続けていたら、めんどうなことが次々と起きてきそうです。

ビジネスの場でも、「御社の〇〇は本当にすばらしいですね」などと、本当はそう思っていなくても、口にすることがあるはずです。**こういったウソは〝人間関係の潤滑油〟くらいに思っていれば、気持ちが楽になるはずです。**

ANSWER

質問や反論は、相手にエネルギーを与えるようなもの。相手を傷つけないウソはついてOK！　しっかりと断ろう。

CASE
22

ハラスメントをしてくる

「まだ結婚しないの？」「子どもはどうするつもり？」など、親戚のおばさんのハラスメントに悩まされています。職場でも、女だから男だからと、やるべき仕事に差を付ける上司がいて、これもセクハラですよね。

ハラスメントとは、相手に不快や不利益を与えたり、その尊厳を傷つけたりするような行為を指します。それがセクシュアリティに関わるような言動なら「セクシュアルハラスメント（セクハラ）」ですし、職務上の地位などを背景にした言動なら「パワーハラスメント（パワハラ）」になります。

その行為や言動がハラスメントかどうかは、受け手がどう感じたかで決まります。これが基本原則です。受け手側が「不快だった」「つらかった」と感じていたら、行為をした側がどう言おうと、ハラスメントとなるわけです。

したがって、親戚のおばさんの言葉も、あなたがそれで苦痛を感じているなら、セクハラの一種ということになりますね。職場の問題も当然セクハラです。

最近は、どんどんハラスメントの種類が増えています。

精神的な嫌がらせをする「モラルハラスメント（モラハラ）」や、妊娠・出産した女性社員に嫌がらせをする「マタニティハラスメント（マタハラ）」がありますし、リモートワークで行われる「リモートハラスメント（リモハラ）」も新しく登場してきています。

受け手が「嫌だった」と言えばハラスメントが成立するので、どんどん新しいハラスメントが生まれているわけです。

ハラスメントをされたと叫ぶ前に、相手のことを想像してみる

ハラスメントは困ったことですし、重要な問題であることは事実です。**しかし、なんでもかんでもハラスメントで片付けてしまうと、必要以上の対立構造をつくり出してしまうことになりそうです。**もめごとが増え、逆に疲れてしまうかもしれません。

「ハラスメントをされた！」と声高に叫ぶ前に、相手の人がどういう気持ちでその行動に至ったのか、なぜ対象が自分だったのか、といったことを、少し考えてみてもいいように思います。相手の人のバックグラウンドなども考慮して、なんであんなことを言ったのだろう、と想像力を働かせてみるのです。ふつうの人間関係というのは、そういうことの上に成り立っているのですから。

たとえば、親戚のおばさんがなぜあんなことを言うのか、ちょっと考えてみます。おばさんのバックグラウンド（既婚、結婚したのは30代、子どもは一人、など）も考慮して、想像力を働かせて相手の立場に立ち、考えてみるのです。

「おせっかいで困ったおばさんだけど、まあしょうがないか」と思えるかもしれないし、「やっぱり許せない」という結論になるかもしれません。

結論がどうであろうと、このようにしていったん立ち止まる時間をもつことは、良好な人間関係を築いていくのにとても重要だと思います。

もちろん、ハラスメントと呼ばれている行為にはすべて情状酌量の余地がある、などというつもりはありません。

相手の立場に立っていろいろ考えてみたけど、「それでもやっぱりひどすぎる」「私は本当につらかった」というのであれば、ハラスメントを受けた被害者としてきちんと対処するようにしてください。

ANSWER

ハラスメントだと全否定する前に、立ち止まって考える時間をもとう。

TIPS.4

ぼーっとする時間を大切に

いい加減がちょうどいい！心地よい距離を保つコツ

とっても苦手な人がいます。私は親しいとは思っていないのに、なぜかすごく親しげに話しかけてきて、不気味なくらい。人の悪口を一方的にしゃべりまくって「きみもそう思うよね？」って顔をされても、どう反応していいかわからなくて。

その人との付き合いがストレスになっているんですね。

どうしたらいいかわからなくて、悩んでいます。なるべく会わないようにしているけれど、向こうからやってくるので、どうしても話をすることになってしまいます。そんなときは、つかまってしまった、逃げ出したい、という気分になります。

少し距離を置いた気持ちになって、その相手を客観的に見られるといいですね。もう少し多面的に相手を見てみたらどうでしょうか。自分の側から一面的に見るのではなく、いろいろな角度から見ることができると、ぐっと楽になれることがあります。

そんなことできるかな……。
それに、どう見ようと、あの人が変わるわけではないし……。

一面的に見ていたときには、とっつきにくかったり、嫌なイメージしかなかった人が、別の角度から見たら、違った印象の人物に見えてくることはよくあります。
たとえば、「おしゃべりで騒がしい人」というイメージしかなかった人でも、見方を変えると、「伝達力のある人」「発信力のある人」という一面が加わったりすることがあります。

そうですね。でも、そんな気持ちの余裕をもてるかなぁ。

たしかに、心にゆとりがないと、どうしても一面的な見方になりがちですね。
心にゆとりをもつためには、時間のゆとりが必要なんです。
なるべくリラックスできる時間をつくるようにしてください。

先生はいつ、どんなふうにしているんですか？

僕は仕事と仕事の間に、目を閉じてじっとしている時間をつくるようにしています。このまま眠ってしまってもいい、という感じで、ボーッとするようにしているんです。
こうすると、心にゆとりをもてるようになって、いろいろなものを多面的に見られるようになりますよ。ぜひ試してみてください。

それじゃあ今度、苦手な人に会いそうな予感がするときは、その前に公園でボーッとしてみますね。

今日も最高の仕事をしてしまった
話聞く？聞きたいでしょ？
ズン
ズン
いやあ…
自慢大好き先輩が来る!!
こうなったら書類バリアだー！
おっいい所に
ひょい
カピバラちゃあん
さっくり突破されたーッ!!
Bくんも聞くか
あっ、ちょっと急ぎの打ち合わせなので…
スッ
ざんねん
ウソだー!!
おつかれー
あの先輩自慢多いけどいろいろ教えてくれて助かるよな
…
自慢話

第5章

「わずらわしいSNS」なのに手放せない

ネットからつながる人間関係は、
リアル世界の人間関係と同じではないことを知っておきましょう。
表情が見えない分、伝わる情報量が少ないからこそ
気をつけなければいけないことがあります。

CASE

23

メッセージをスルーされた。不安で仕方ない

LINEで「既読」になったのにすぐ返信がこないと、すごく気になってしまいます。「なぜ？」「どうして？」と考えてしまうし、スルーされたことが決定的になると、嫌われたんじゃないかと不安が押し寄せてきます。

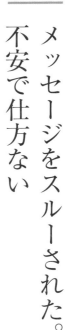

自分が送ったメッセージに対して、すぐ返信がこないという状況を、必要以上にマイナスに受け取ってしまう人がいます。**「既読」機能は相手がメッセージを読んでくれたかどうかがわかる便利な機能でしたが、相手の反応が気になる人にとっては、不安を増幅する機能にもなってしまっているようです。**

少し冷静になって考えてみましょう。

最近はＳＮＳでやりとりする情報量が飛躍的に増えています。当然、一つ一つのメッセージに対して瞬発的に返信することが、難しくなっているのではないでしょうか。ＳＮＳを日常のツールとして使っている多くの人が、一日中、膨大な量のメッセージを受信しているわけです。その一つ一つに、即レスポンスできるかというと、なかなかそうはいかないというのがふつうでしょう。いくつものメッセージが集中して送られてくることもあるし、その人がすぐに返信できない状況に置かれていることだってあります。

もう一つ考えたほうがいいのは、既読がついてから返信がくるまでの時間に対する感覚は、人によって違うということです。「数分以内でないと気になる」という人もいれば、「30分くらいまでは許容範囲」と思っている人も、「２～３時間はふつう」と

思っている人もいます。以前の携帯メールの時代なら、「1日くらいじっくり考えてから返信しよう」と考える人もめずらしくなかったと思います。

既読がついたのに返信がなかなかこないときは、「返信が遅くても気にならない人なんだ」と考えたほうがよさそうです。そう考えることができると、すぐに返信がこないときでも、気持ちが少し楽になります。

即レスを期待するとお互いしんどい

リアルの場では、目の前の人に何か問いかければ、すぐにレスポンスが返ってきます。それが当たり前です。

SNSでも、同じようにレスポンスがあれば心地よいかもしれません。でも、それをいつも期待すると大変です。相手に即レスを期待する以上、自分も同じように期待に応えなければならないからです。

メッセージを送る側は、少し返信が遅いと気になってしまいます。遅いことにイライラし、「スルーされた」と受け止めて心がざわつき、「嫌われているかも……」と不安になります。日付をまたいで返事がくると、「大切にされていない」と悲しくなることもあります。

メッセージを受け取った場合もストレスを抱え込みます。すぐに返信できる状況ならいいのですが、それができなかった場合、「嫌っているなんて思われたくない」と考えてしまうからです。

つまり、即レスを期待すると、お互いがしんどくなってしまうのです。便利になるはずだった「既読」機能によって、送信するほうも、返信するほうも、つらさを抱え込んで拘束されてしまい、逆に不便になっています。

そうならないために必要なのは、即レスを求めない、ということです。リアルの世界のタイミングを、ＳＮＳの世界で求めない。即レスの呪縛から解き放たれたら、楽になれるはずです。

〝既読にするのが怖い症候群〟になる人も

僕自身の経験ですが、ＳＮＳの「既読」機能が登場した頃、既読にしたらすぐに返信しないと相手に失礼だという気がしたので、すぐに返信できない状況の場合はメッセージを読まないようにしていました。

既読がついてしまうのが怖い、という感覚。まさに〝既読にするのが怖い症候群〟ですね。仕事が終わって、さあ返信しようかと思うと、未読にしたままのメッセージが100件近くたまっていたりしました。そうなると、返信するだけでけっこう大変です。

未読にしたままで読める方法を知ってからは、すぐに返信できないときは、その方法でメッセージを読んでいます。ところが最近は、既読にならなくても、「未読スルーされた」と考える人がいるようです。

これでは、どこまでいってもつらさを抱え込むだけ。もう即レスを期待するのはやめて、みんなで楽になりましょう。

ANSWER

どうしたってズレはあるもの。即レスを期待しないで、別の楽しみに目を向けよう。

CASE
24

自分だけSNSに不参加。仲間内で疎外感を覚える

SNSを利用していないのですが、サークルのメンバーとの間で、話の内容がわからなかったりすることがあります。そんなこともあって、なんとなく仲間たちとの距離感ができてしまったような気がしています。

ＳＮＳは便利だし、多くの人との密接なコミュニケーションを可能にする便利な道具であることは確かです。**肉声で話すようにメッセージをやりとりできるので、人との距離も近くなりやすいです。ＳＮＳでつながることによって、短期間のうちに親しくなることも少なくありません。**

では、いいことばかりかといえば、実はそうでもないのです。ＳＮＳはたしかに便利ですが、便利だからこそのわずらわしさもあります。

たとえば、最近は一度送ったメッセージを取り消す機能があります。ちょっとした勘違いをしていたことに気づいて、送ったメッセージを取り消すこともありますし、変換ミスに気づいたので取り消して新たに送り直すということもあります。便利な機能だとは思います。

ところが、いったん送ったメッセージを取り消すと、「さっきどんなメッセージを送ろうとしたの？」とわざわざ聞いてくる人がいます。ただ気になったという人もいれば、ひどいことを言われたのではないかと疑う人もいます。誤字脱字があったから取り消したと言っても、「本当にそれだけ？　なんかあやしい」とか言われたりして少しめんどうです。

ＳＮＳをやっていると、こうしたわずらわしさを抱え込むことになります。ＳＮＳ

を始めるのであれば、それも覚悟しておくべきでしょう。

ただ、親しい人たちがみんなＳＮＳをやっていて、自分だけやっていないとすると、自分だけ仲間はずれになってしまったような疎外感や孤独感を覚えることも。また、ＳＮＳは情報伝達の便利なツールでもあるので、一人だけ情報がもれてしまうということもあるでしょう。そうしたマイナス面も冷静に評価してください。

その上で、ＳＮＳ特有のわずらわしさと、ＳＮＳを利用しないことによる疎外感や孤独感をてんびんにかけ、どちらがマシかを考えてみるのです。答えは人それぞれ。あなた自身にとっての答えを考えてみましょう。

ANSWER

親密なコミュニケーションには
わずらわしさもついてくる。
どっちがいいか、考えてみよう。

CASE
25

SNSを見ると、みんながリア充に見えて落ち込む

同世代の人たちがリア充で、見ていて落ち込みます。旅行先での楽しそうな写真、デートで行ったレストラン、資格試験に合格しましたって話……。素直に「よかったね」という気持ちになれません。

みんながアップしている写真を次々と見たりしていると、「みんなすごいな」という感想を抱きがちです。「それにひきかえ、自分は……」と考えて、落ち込んでしまうという人もいます。

でも、よく考えてみましょう。

Facebook や Instagram などで展開されているすばらしいできごと、あるいはうらやましいイベントは、その人にとって、必ずしも日常のできごとではありません。日常というよりは、その人の人生における華やかなある時点を切り取ったものです。

海外旅行に行ったりするのはもちろん、恋人と素敵なレストランに行くのも、特別な一日の記録ですから、華やかで当然なのです。

そんな投稿をしている人たちにも、毎日華やかなできごとが起きているわけではありません。たまにあったうれしいできごとを、「こんなことがあったよ」と投稿しているだけなのですから。

もちろん、とんでもないほどお金持ちの恋人がいて、連日華やかな生活を送っている人もいるかもしれませんが、そんなのは例外中の例外。ほとんどの人は、たまに起きた自分にとってのうれしいできごとを、みんなに知ってもらいたくて投稿しているだけなのです。

それを見て、あなたが落ち込む必要はありません。

表面だけなめて錯覚に陥っている

「みんながリア充に見える」と感じている人は、SNSなどの投稿を見るときに、表面だけを次々と眺めているのではないでしょうか。

「休暇を取って旅行に来ています」「デートで行った素敵なレストラン」「コンサートで熱く盛り上がった夜」「子どもが生まれるので引越しました」「昇進したのでワインで乾杯」「資格試験目指して参考書を買いました」などというキラキラした投稿を次々と目にするわけです。

そうすると、なんとなく「みんなリア充だな」という気がしてきます。いろいろな人の大事なイベントが洪水のように押し寄せてくるので、そう思えてしまうのでしょう。「それにひきかえ自分は……」という気持ちも生まれてきます。

しかし、はっきりいって、これは錯覚です。たくさんの投稿を、表面だけなめるようにチラチラ見ていくと、こういう錯覚に陥ることがよくあります。

たとえば、あなたがSNSに上げている投稿を見て、「リア充でいいな」と思っている人もきっとどこかにいます。あなたが自慢するつもりなどなくアップした写真や文章も、それをチラチラ見ている人にとっては、リア充の証明のように見えてしまうことがあるのです。

目いっぱい想像してみよう

落ち込まないためには、一つ一つの投稿を、深く想像しながら読むことをおすすめします。**表面を見るだけでなく、奥の奥まで想像するのです。しっかりと細部までイメージして、わがことのように、その人の人生を見つめるようにします。**

この人は昇進したらしいけど、どんな仕事をして、どんな苦労をしてきたのだろう、などと考えてみます。結婚した人がいたら、どんな紆余曲折を経てゴールインすることができたのかな、と考えてみます。デートでレストランに行ったという投稿にも、恋人とのよい関係を維持するためにどんな努力をしているんだろう、などと想像してみるのです。

そうやって、一つ一つに思いをはせて、しっかり関わっていくようにします。すると、「みんながリア充に見える」とか、「自分だけ取り残されている」などという錯覚は起きないのではないでしょうか。

そして、長い人生軸の中で、彼や彼女が「今まさに輝いているんだ」ということが理解できるようになります。それによって、心の底から、「よかったね」「おめでとう！」という気持ちになれるはずです。

一つ一つの投稿を深く想像して読むのは、最初は時間がかかってしまうかもしれません。しかし、慣れてさえしまえば、けっこう短時間でできるようになります。

この見方ができるようになると、「みんながリア充に見えて落ち込む」ということはなくなるでしょう。

ANSWER

絵になる瞬間のカットだから
すばらしくて当たり前。
人から見るとあなたも同じかも！

CASE
26

見知らぬ人が、上から目線でアドバイスをしてくる

SNSをやっていて、ムッとするときがたまにあります。見知らぬ人から、いきなりアドバイスされたりするのも嫌ですが、そのアドバイスが上から目線の発言だったりすると、無性に腹が立ってきます。

見知らぬ人と簡単につながることができ、有益な情報交換ができるのは、ＳＮＳの大きなメリットです。

ただ、よく知らない人とコミュニケーションをとることには、いろいろな難しさも存在します。特に名前を伏せている場合や、ハンドルネームを使っていてどんな人かよくわからない場合には、現実の人間関係とは違う独特の難しさがあります。

見知らぬ人にいきなり上から目線でアドバイスされて腹が立ったというのも、そういう難しさがもたらした典型的な例といえるでしょう。

昔は「ＴＰＯ」ということがよくいわれました。もともとはTime（時）とPlace（場所）とOccasion（場合）にふさわしい服装をしよう、ということで生まれた和製英語だったようです。それが、「時と場所と場合をわきまえたふるまいをしよう」といったマナーや常識の話で使われるようになっていきました。

このリアルな世界の「ＴＰＯ」が、ネット社会にはないのです。リアルな世界の人間関係の中では、よく知らない人に上から目線でアドバイスするような行為は、マナー違反とされます。「ＴＰＯをわきまえろ」と言われてしまう行為です。

ところが、ＳＮＳではそうしたことが頻繁に起きています。リアルな世界の「ＴＰ

〇」はわきまえなくていい、というネットの世界の空気があるようです。そのため、人と人との距離感をとらない人が多いのです。

また、どんな分野にも、やたらとアドバイスしたがる人、人に教えるのが好きな教え魔がいるものです。

「そうじゃなくて、こうしたほうがいいよ」とか、「それはもう古いですよ。新しい方法はこうです」とか、とにかくアドバイスしてきます。

素性のわからない人から、突然そんなことを言われるのは嫌ですね。アドバイスされたほうは、「いきなり上から目線でどういうつもり……」と感じて、腹が立ってくるわけです。こうしてトラブルの種が生まれます。

素性がわからない人の発言は相手にしない

見知らぬ人から、いきなり上から目線で何かを言われるというのは、もらい事故みたいなものだと考えればいいでしょう。あなたがいくら気をつけていても、避けられなかったはずです。

そういうことが起きた場合には、相手にしない、というのが賢明な対処法だと思います。しっかりと意志をもって無視するのがいいでしょう。そして、さっさと忘れてしまうのが得策です。まったく気にしないというわけにはいかないかもしれませんが、もらい事故のことでいつまでも悩んだところで、いいことは何もありません。

名前を伏せたままコミュニケーションをとるSNSには、中途半端なやさしさをもち込むべきではありません。無視するところは毅然として無視する、という強さをもつことが必要です。

ANSWER

匿名ゆえの問題点がある。早く忘れる、相手にしない、毅然とした態度や強い心をもっておこう。

CASE
27

何気なくつぶやいただけなのに、ひどいコメントの嵐……

欲しいものを手に入れたのでうれしくてＳＮＳに投稿したところ、「手に入れられなかった人のことを考えてください」といったコメントがあふれて落ち込みました。ＳＮＳでちょっと言い返したら、批判が殺到して炎上したことも……。

軽い気持ちだったのに、とんでもなく傷ついてしまう、ということがネットの世界ではちょくちょく起きています。

投稿した人は、「ちょっといいことがあったから、みんなに聞いてもらいたかっただけ」という軽い気持ちだったのに、それが炎上の引き金になることがあります。「他人の気持ちを考えろ」といった陰湿なコメントが書き込まれたりすると、書かれた人は本当につらい思いをします。**そして、こうしたコメントによっていったん流れができると、類似のコメントであふれるような状態になってしまうことがあります。**

ネット上の炎上とは、「特定の対象に批判が殺到し、収まりがつかない状態」と定義されているようです。楽しくSNSを利用するために、避けたい状態ですね。

批判的なコメントを書き込まれないようにするためには、どんなことに注意したらよいのでしょうか。

まず、最も簡単な方法は、ネット上には「自慢したいこと」や「誇らしいこと」については あまり投稿しない、ということでしょう。誰だって、自分ががんばったことや、うまくいったことがあれば、みんなに知ってもらいたい、という気持ちになります。しかし、SNSではこれが危険なのです。

数にこだわらない、ということも大切です。SNSで発信していると、どうしても数が気になってしまいます。影響力の指標とされているのが、リツイート数だとか、「いいね！」の数だとか、とにかく数だからです。

SNSではこうした数が注目されますが、どんな意見が多いのかといったことについては、ほとんど問題にされません。あくまで数の論理なので、どんな意見だろうと、数が多いほうが正しいということになりがちです。

「いいね！」の数を増やしたい、などという気持ちで投稿していると、思わぬ批判にさらされることがあるので注意しましょう。

一万の「いいね！」より、目の前の一人のほめ言葉をもらおう

ネットの世界で傷つくのを避けるもう一つの方法は、なるべく匿名の領域に踏み込まないということかもしれません。

匿名でものを言う世界には、心の奥深くにある〝闇〟につながるような言葉が出てきて、どうしても陰湿になりがちです。「他人の気持ちを考えろ」「リア充を気取りたいんでしょ」なんていうコメントも、匿名だから言いやすいのです。

何かいいことがあって投稿しても、「いいね！」をもらうどころか、ねたまれて、陰湿な書き込みをされるくらいなら、その世界には足を踏み入れないのが得策です。その点、Facebookのように基本的に実名のSNSなら、匿名の場合のようにひどいコメントを書き込まれるリスクは低くなります。

でも、自分ががんばったとか、うまくいったことがある場合、あなたがいちばんうれしいのは、親しい人にほめてもらうことではありませんか。「いいね！」をいっぱいもらうより、大切な一人から、「がんばったんだね」「よかったね」と言ってもらうほうがいいような気がしますが、どうでしょう？

ANSWER

多くの「いいね！」より、大切な人にほめられるほうがうれしいかもしれないよ。

CASE
28

「写真送って」「家はどこ？」そんな仲じゃないはずだけど……

ネット上で匿名で知り合った人から顔写真を送ってと言われたり、住所をたずねられたりすることがよくあります。匿名のまま仲よくするのはいいけど、写真や住所の開示には抵抗があるのですが……。

ネットの中の人間関係は、リアルの世界とは大きく違っています。特徴的なのは、ウォーミングアップなしで、いきなり共同作業がスタートするところ。たとえばオンラインゲームの場合がそうです。相手のことを何も知らないまま、共同作業が始まってしまったりします。

リアルの世界だと、「はじめまして」というあいさつから始まって、一応お互いのことを知るためのウォーミングアップがあります。

実際に会っていれば、性別やだいたいの年齢がわかりますし、服装や髪型なども、どんな人なのかを知る大きな手がかりになります。もちろん、顔や、声や、口調などからも、たくさんの情報を得ることができます。「この人は顔は怖そうだけど、笑うとけっこうかわいい」とか、そんなこともわかります。社会人なのか、学生なのか、といった属性も重要な情報です。その上で、どんな考えをもっているとか、趣味はなんだとか、そういった情報も得てから、人と人の付き合いが始まっていきます。何もわからないまま親しくなることは、基本的にはありません。

ところが、ネットの世界では、何も知らないまま人間関係がスタートすることもめずらしくありません。名前も知らないまま、年齢や性別も正しいのかどうかわからないまま、一緒にオンラインゲームを楽しんでいる人は多いはずです。

情報量が少ないとき、顔が見えないときこそ慎重に

オンラインゲームをやっていたりすると、一緒にプレイしていた人たちと、出会ってすぐに人間関係が築けたように感じることがあります。そんなときに、「顔写真を送ってほしい」とか、「住所を教えてほしい」などと言われるのでしょう。

しかし、短時間で人間関係が築けたように感じられるのは、実は錯覚でしかありません。人間関係がそんなに簡単に構築されることなどないのです。相手の情報量が少ないとき、相手の顔が見えないときには、特に慎重に対応する必要があります。

ANSWER

ネット上の人間関係は
現実の世界とは別もの。
リアルでのやりとりは慎重に。

CASE

29

ネットゲーム仲間から暴言を吐かれるようになった

一緒にネットゲームをやっている仲間から、いきなり暴言を吐かれてつらくなりました。ノリが悪いと思われたくないので、特に何も言っていませんが、どう対処していいのかわからずに困っています。

ゲーム仲間からいきなり暴言を吐かれる。どうしてそんなことが起きてしまうのかを、考えてみましょう。

暴言を吐く側は「心を許している俺たちの間だから」と思っていたりすることが多いようです。「このくらいフランクな言い方をしたほうが、仲間って感じがする」ということだったりするのです。**それによって、相手がどんな気持ちになっているかについては、想像力が及ばないのでしょう。**

こういうタイプの人は、友達が少なくて、それこそ「心を許している」友達などいないのかもしれません。それでいて、「仲がいいっていうのはこういうことだ」と思いながら、暴言を吐いているわけです。

暴言を吐かれたことで、ネットゲームをやりながら、あなたは居心地の悪さを感じています。言葉によって傷つけられただけでなく、場の空気を悪くしないために何も言えないことで、ますます苦しめられているわけです。

こんな場合、いくつかの対処法が考えられると思います。

避けたほうがいいのは、このまま放置するという選択肢です。暴言を吐かれても場の空気を考えて何も言わずに我慢する。こんなことを続けていたら、もっとつらくなってしまうでしょう。

最も簡単で、最も健全だと思うのは、この相手から距離を置くことです。

それによって、ゲーム仲間の何人かを失うことになるかもしれませんが、暴言を吐く相手から離れることで、暴言によるつらさからは解放されるでしょう。あなたの心の健全さを保つには、この方法がいちばんよいと思います。

心地よくないコミュニケーションだと相手に伝える

暴言は嫌だけれど、このままネットゲームを続けたいというのであれば、それも可能でしょう。

ただし、続けるのであれば、暴言によって居心地の悪さを感じているという自分の感情をごまかしてまで、相手に合わせることはすべきではありません。いつか限界がきてしまうでしょう。

暴言を吐いている相手は、それによって人を不快にしているという認識が乏しいのですから、そこをきちんと伝えておく必要があります。

暴言を吐かれたことで、自分はつらい思いをしたということを、しっかり相手に伝

えましょう。「ネットゲームの仲間は大切だけれど、こういう一方的になりがちなコミュニケーションは、私は嫌いだ」と、はっきり伝えておくべきだと思います。

ネットゲームを通じてできた友達との付き合いが、日常生活の一部になっている人たちがいます。そういう人たちにとっては、ネットゲームを通じてできた友達は大事であり、付き合い方で悩むこともあるでしょう。

ゲームを上手に楽しんで、そこにいい人間関係を築いていくためには、〝ネットの中にも礼儀あり〟ということを基本にしていくといいのではないでしょうか。

ANSWER

乱暴とフランクはまったく別。居心地の悪さを認めて、不快な気持ちを伝えよう。

TIPS.5

顔の見えないときこそ慎重に

いい加減がちょうどいい！心地よい距離を保つコツ

オンラインで人と接していると、ネット上ではすごく仲がよくて、親密になれた気がしていた人と、ちょっとしたことで、トラブルになってしまうことがあります。

それは気持ちがふさがりますね。

はい。「えっ、こんな人だったの……」と驚いてしまったり、どうして相手の機嫌を損ねてしまったのかわからなかったりして、人と関わるのが怖くなってきました。

ネットが発達してすごく便利になったけど、リアルに対面する場合と比較すると、情報量が圧倒的に少ないんです。

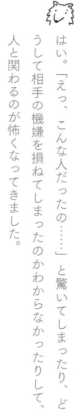

通話中なら声はしっかり聞こえているんですけど、リアルと何か違うんでしょうか？

目の前にリアルな相手がいれば、その人の微妙な変化がわかります。たとえば、ちょっとした息づかいの変化とか。
そうしたささやかな、でも大事な情報が、かなり抜け落ちてしまうんです。

言われてみれば、オンラインだとわからないことはたくさんありますね。ビデオ通話をしたとしても、上だけきちんとしていれば、下は映らないから、どんな状態でも大丈夫だしね。

そうそう。情報量が少ないから、どのくらい想像力を働かせることができるかが問われているんです。
相手がどう思っているのか、どう感じているのか、こちらのセンサーをフル稼働させて、感じ取る必要があります。

そうなんですね。

文章でしっかりやりとりしているし、声が聞こえているから、リアルに対面しているときと違うなんて、考えていませんでした。それで、相手の気持ちの変化を見落としていたのかな……。

そうかもしれません。

こういうことを言ったら、相手はどう感じるだろうかとか、こちらの言いたいことはちゃんと伝わっているだろうかとか、そういう部分に慎重になる必要がありそうです。

いろいろなことが伝わりにくいなら、顔を見せているときでも、表情を少しオーバーにしたほうがいいんですか。

そのほうがいいですね。また、表情が見えていてもいなくても、言葉づかいが重要になります。言葉の選び方も、できるだけ慎重にしたほうがいいと思います。

おしゃれだね
君ほどじゃないよ
スッ…
CHATモード
君とは分かりあえません…
○○が退出しました
なんで!?
お互い想像力が足りなかったんじゃないかな
リアルに比べて伝わりにくいんだ
ゴチャ
なるほど
オンラインは情報量が少ないのか!
ゴチャ

第6章

「人との会話」がスムーズにできない

人と会話をするのは難しいもの。特に電話が苦手だったり、
言いたいことを言えなかったり、大勢の前で話すのが苦手だったり、
人を傷つけてしまったり……。どうすれば気まずくならないのか
一緒に考えてみましょう。

CASE

30

ちょっとした おしゃべりができない

話すのが上手な人にとっては、なんでもないことだと思いますが、ちょっとしたおしゃべりができなくて困っています。話す内容も決まっていなくて、何を話してもいいというのが、かえって難しい。相手に気を使ってしまい、疲れます。

ちょっとしたおしゃべりで過ごす時間というのは、日常的によくあります。人がたくさん集まっている場所なら、一人くらい話さない人がいても目立ちませんが、ほんの数人とか二人きりの場面だと、何も話さないというのは、いかにも不自然。ふつうなら何か話すところです。

そんなプレッシャーを感じながら、「さあ、何か話さなくては」と考えたら、なかなか言葉が出てこない。特におしゃべりが苦手だと自覚している人にとっては、つらい場面でしょう。

話をしなくてすむように、いろいろ策を講じる人もいます。たとえば、ペットボトルのラベルの細かい文字を読む振りをして〝話しかけないでオーラ〟を出している、という人もいるようです。こうされたら、たしかに話しかけにくいですが、あまり感じはよくないですよね。周りの人もどうしたらいいのか困ってしまいます。できれば、もう少し上手に対応したいものです。

「私口下手なんです」と言ってしまえば話をせずにすむ

いろいろ学んだり、トレーニングしたりすることで、ちょっとしたおしゃべりが上手になる、ということはあるかもしれません。こんな話題を選ぶとよいとか、こんな口調で話すと感じがよいとか……。

しかし、おしゃべりが苦手な人にとっては、そんなテクニックを身につけること自体が苦痛でしょうし、そうやってするおしゃべりも、あまり楽しいとは思えないでしょう。労力の割に得られる成果はあまり大きくなさそう、というところでしょうか。

もっと簡単で楽な方法があります。

「私、口下手なんです。ごめんなさい」と初めに言ってしまうのです。「雑談とか、たわいもない話というのが本当に下手で」などと付け加えてもいいでしょう。

そんなこと言っちゃって大丈夫？　と心配になるかもしれませんが、大丈夫です。スキをみせるようなこの一言は、むしろ印象がいいはずです。こう言われて、「感じ悪いな」と思う人はまずいません。安心してください。

ちょっと恥ずかしいなと思っていること、申し訳ないなと思っていることをさらけ出すのですから、本人にとっては、少し勇気がいる行動かもしれません。でも、だからこそ印象がよいのだともいえます。善意のある人は、「なんとかしてあげたい」という気持ちになります。

この方法のいいところは、あとは基本的に黙っていてもいい、ということです。気

をまわして話しかけてくれる人も現れるかもしれませんし、無理に話さなくてはといった空気にはならないでしょう。無理して話さなくてよくて、周りに好印象を与えられるのですから、コスパはかなりいいと思います。

もしあなたが、「自分から話しかけるのは無理だけど、話しかけられるのに答えるだけなら大丈夫」というのであれば、そう伝えてもいいでしょう。口下手を自認している人の中にも、こういう人はけっこういると思います。

自分から話題をふらなくていいというだけで、案外楽しく〝ちょっとしたおしゃべり〟ができるかもしれませんよ。

ANSWER
口下手です、と
思い切って伝えておけば
あとは無言でも好印象！

CASE

31

職場の電話に出るのが怖い

電話が苦手です。誰が相手でも電話で話すのは好きではありませんが、特に職場の電話は、どんな人と、どんな話をすることになるのかわからないので最悪です。いつまでたっても、電話対応が上達しません。

対面で話すのはなんでもなくても、電話は苦手だという人が少なくありません。電話で話すのは、対面で話すのとどんな点が違っているのでしょうか。

まず、情報量が少ないということがあります。初めて話す人でも、対面であれば、話し始める前に、どんな人なのか、さまざまな情報を得ることができます。年代や性別はもちろん、怒っているとか、にこやかな表情をしているとか、感情まである程度はわかります。

職場の電話では、どんな人がかけているのかわからないまま出ることになるので、ある程度の緊張を伴うのは当然でしょう。

さらに、声の出てくるタイミングもわかりません。対面なら、相手の話し始めるタイミングで苦労することはありません。相手が話そうとしているなら、それを聞けばいいいし、相手がこちらの言葉を待っているようなら、話せばいいわけです。相手が考え込んでいるようなら、黙って待っていてもいいでしょう。

電話では、相手が見えない状態のまま、こうしたことを的確に判断する必要があります。これも電話の難しい点です。

また、沈黙が許されない、という難しさもあります。対面であれば、両者が黙っている時間があっても、お互いの様子がわかるのであまり気になりません。ところが、相手が見えない電話では、両者が黙ってしまう時間はとても気になります。臨機応変に話を続けなければならないわけです。

職場の電話対応はオウム返しがおすすめ

職場での電話対応が苦手という人に、ぜひ勧めたい方法があります。

オウム返しです。どう対応していいか即座に判断できないような場合に、特に威力を発揮してくれます。

たとえば、「○○のことで困っているんだけど」という電話だったら、話を進める前に、「○○の件でお困りということで、お電話いただいたのですね」と、オウム返しでワンクッションはさむのです。

これは時間稼ぎの役割を果たしてくれるので、その間に、次の対応を考えます。自分が受けるべきか、ほかの人に回すべきか、といったことを判断するわけです。

こういったオウム返しが、悪い印象を与えるという心配はありません。むしろ電話の相手は、「問題を真摯に受け止めてくれている」と感じるのがふつうです。

オウム返しは、ほとんどどんな場面でも活用できます。

たとえば、「〇〇の契約の件で、おたずねしたいことがあるんですが」ということなら、「〇〇の契約についてのご質問ですね」とオウム返しします。

「△月末までに、本当に終わるんですか？」と言われたときは、「△月末までに終わるのか、ということですね」などと応じます。

電話が苦手な人でも、これなら流暢に話すことができます。

ただ、「お前では話にならん！」と言われて、「私では話にならないということですね」と言うわけにはいきません。内容によっては、オウム返しを使えないこともある、ということは覚えておいてください。

ANSWER

相手の言葉をオウム返しすることで、時間や気持ちに余裕が生まれる。

CASE
32

クレーム電話を受けると、頭がまっしろになる

職場の電話には、ときどきクレームの電話がかかってきます。居丈高に怒鳴る人もいるし、同じことをしつこく何度も繰り返す人もいます。クレーム対応のつらさをやわらげる方法はないでしょうか。

166ページで紹介した職場の電話対応と同じように、**クレーム電話の対応も、基本はオウム返しです。相手が訴えていることが理不尽な内容だったとしても、それをていねいに繰り返すことで、「ちゃんと聞いてもらっている」「真摯に受け止めてくれている」という印象を与えることができます。**

クレーム対応にとって、これはとても重要なのです。

クレームの電話をかけてきた人たちは、きちんと対応してもらえないと、さらに怒り出します。

相手のクレームに、いきなり「いや、そう言われましてもねえ……」などと言うと、火に油を注ぐことになりかねません。まずはオウム返しで対応しましょう。

相手を無駄に怒らせないことは大事ですが、下手に出ればいいのかというと、そうではありません。基本的には、こちらが下手に出るほど、相手はエスカレートして居丈高になっていきます。

ていねいに対応しながらも、毅然とした態度をくずさないようにし、こちらの主張を伝えなければいけません。しかし、それがなかなか難しいのです。

怒っている相手の声を聞いていると、萎縮して心の余裕がなくなります。そして、ペコペコ頭を下げながら、相手の言い分を一方的に聞かされることになります。これではクレーム対応失格です。

ほおづえをついて、心の余裕をつくる

怒鳴り声を聞かされながらも、心の余裕を失わずにいられるごく簡単な方法があります。リラックスした楽な姿勢で電話対応するのです。オフィスのデスクなら、ほおづえをつきながら話すのがいいでしょう。

クレームの電話に出ると、多くの人は、申し訳なさそうにうつむいて、小さくなって話をします。そうすると、どんどん緊張が高まってしまいます。

クレーム対応を専門に行っている人たちの中には、ゆったりとした椅子にのんびりした姿勢ですわり、リラックスモードで対応する人がいます。形から入ることで、心に余裕をもって対応することができるからです。

ほおづえをつきながら、「なるほど、それはお困りですね」などと話していると、そのギャップで愉快な気分になってきます。それが恐怖心を取り除き、余裕のある対応を可能にしてくれるのです。

何かリラックスできるものを、デスクに置いておくのもおすすめです。愛くるしいペットの写真や、ゆったりした気分になれる風景写真。好きな漫画を開いておくのもいいかもしれません。

相手にていねいに接するために、精神的なゆとりを確保しておくのです。

パターンが見えてくると安心できる

電話でのクレーム対応を何回も行っていると、相手の出方にいくつかのパターンがあることがわかってきます。

相手が訴える被害にもパターンがありますし、突きつけてくる要求にもパターンがあります。

慣れないうちは、相手が何を言い出すか読めないので、どうなることかと心配になってしまうかもしれません。しかし、場数を踏んでいくと、「ああ、今回はこのパターンか」というのが見えてきます。パターンがわかれば、これまで何度もしてきたように対応すればいいだけのことです。

まだそれほど場数を踏んでいないあなたは、クレーム対応を苦手だと感じているかもしれません。

でも、それは当たり前のことです。しかし何回か電話でのクレーム対応をしているあなたと、初めてクレームの電話をかけてきた相手では、経験に大きな違いがあります。

あなたは冷静に心の余裕を保ったまま、ほおづえでもつきながら、ていねいに対応してあげればよいのです。大丈夫、きっとうまくいきます。

ANSWER

体勢や周りの小道具で気持ちのゆとりを確保しよう。ていねいに接しつつも、深刻にならないことが大事!

CASE
33

質問したいけど、話しかけるタイミングがつかめない

直属の上司はいつも忙しそうです。相談すべきことがあっても、どのタイミングで話しかけていいのかわかりません。結局、なかなか相談できないまま、仕事に支障をきたしてしまうことがあります。

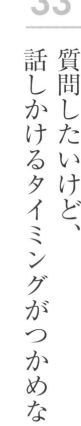

職場の上司に仕事に関する相談をしようとするとき、相手があまりにも忙しそうにしていると、つい「後にしたほうがいいかな」と考えてしまいます。その気持ちはよく理解できます。しかし、そういうことが頻繁にあると、仕事にも支障が出てきますし、どうしようかと悩んでいるあなたもつらくなります。

このつらさは、上司の仕事のじゃまをしたくない、というあなたの気配りから生じています。

あなたが他人のことなんか考えないタイプの人だったら、相談する必要が生じたときにすぐに相談に行き、話しかけるタイミングで悩んだりすることはないはずです。それによって上司は仕事のペースを乱され、そんなことが何度も繰り返されたら、上司は「今は忙しいから後にしてくれ」と言い出したかもしれません。**あなたの上司に対する配慮は、仕事を円滑に進める上で、それなりに役立っていたといえるでしょう。**

ただ、急いで相談すべき重要な案件があるような場合には、たとえ上司が忙しそうにしていても、相談しなければなりません。

「今話しかけても断られるんじゃないか」とか「怒られるんじゃないか」などと心配する必要はありません。そんなときのための、とっておきの方法があります。

事前準備を整えたら、「3分だけお時間ください！」

上司が忙しくしていても、相談すべきことがあるのなら、「すみません。3分だけお時間ください！」と言ってみましょう。

この言葉の効果は絶大です。どんなに忙しそうにしていた上司でも、きっとあなたの相談に乗ってくれます。そんな魔法の言葉なのです。

3分というのが絶妙なのです。30秒とか1分だと、どうでもいい相談という印象になって、「そんな相談、後にしてよ」ということになりかねません。10分とか20分と言われると、「そんなに時間がかかるなら、仕事が一段落ついてからがいいな」ということになります。「3分だけ」だから、「わかった。今話を聞くよ」という対応になるのです。

いったん相談が始まってしまえば、3分間にこだわる必要はありません。重要な相談であれば、上司も時間をかけて相談に乗ってくれるはずです。

ただ、人の貴重な時間をもらうのですから、スムーズに相談できるようにする配慮は必要です。

たとえば、問題点を文書などにまとめておき、「お時間のあるときに目を通していただき、後でフィードバックをお願いしたいのですが」ということにすれば、相談は手際よく終了するでしょう。相手の時間を無駄にしたくないというあなたの気持ちも伝わるはずです。

これだけの配慮をして相談しても、相手がつっけんどんな態度をとるとしたら、その上司に問題がありそうです。相談相手としてイマイチかもしれませんね。

ANSWER

手際よく、話ができる準備をしたら「3分だけ」とお願いしよう。

CASE
34

自分の意見を言えなくて、あたふたしてしまう

大勢の人が集まっての会議でも、数人で行うちょっとしたミーティングでも、なかなかうまく発言できません。言いたかったことを、ほかの人に言われてしまったりすることも多く、いつもあたふたしています。

言いたいことがまったくないわけではないのに、なぜか言い出せずに終わってしまう、という人がいます。めずらしくはありません。

こういう人は、多くの場合、「何かすばらしいことを言わなくては」と考えすぎているのです。

せっかく発言するのだから、みんなが「さすがだね」と感心してくれるアイデアを出したいし、「なるほど」とうなるような意見を言いたい、と思っていませんか。そんなことを考えていたら、会議やミーティングで発言することなんかできなくなってしまいます。

当然です。そんなすばらしいアイデアや意見が次々と出てくるはずはありませんから、何も言えずに終わってしまうことになるわけです。

会議やミーティングでうまく発言できないという悩みを解消したかったら、「キラキラのアイデア」や「ピカピカの意見」を言おうとするのをやめましょう。**アイデアのかけらでもいいし、まとまりきっていない意見でもかまいません。あなたの頭にあることを、とにかく話してみましょう。**

まず、そこがスタートです。

ほかの人と同じ意見だってかまわない

自分が言おうとしていたことを、ほかの人が言ってしまうということもよく起こります。

そんなときも、ほかの人が言ったからといって、黙っていてはいけません。たとえ同じ内容や似た内容でも、きちんと発言すべきです。

そのときに、「Aさんと同じなのですが……」とか、「Bさんが話した内容とほぼかぶるのですが……」などという前置きは必要ありません。

こういった前置きをつけると、いかにも自分で考えていないような雰囲気が漂うので、やめたほうがいいのです。**同じような内容の意見だとしても、遠慮せずに自分の意見だとして発言しましょう。**

会議やミーティングで大勢が集まって話し合うのは、必ずしも正解を探し出すためではありません。誰かの意見だけが「正解」で、ほかの意見が「不正解」というわけではないのです。

なぜ集まって話し合うかといえば、みんなの意見を出し合って、総意を形成してい

こうとしているのです。一つの方向にまとめていくための場であることがほとんどだといっていいでしょう。

同じような意見を言う人が複数いれば、こういう意見が多いな、ということがわかります。

つまり、Aさんと同じ意見だから発言しても意味がない、ということはありません。「私も同じことを考えていました。私もこうしたほうがよいと思います」と発言することには、それなりの重要性があるのです。そうやって、あなたの意見も含めた総意が形成されていくのですから。

キーマンと1対1で関係性をつくっておくと話しやすい

どんな会議やミーティングにも、話をリードしてくれるまとめ役のような存在がいるものです。そういったキーマンと、1対1で親しく話せるような関係を築いておくこともおすすめです。できれば、くだらない雑談ができるような関係になっておくといいでしょう。

会議やミーティングにそういう人がいると、緊張せずにすみますし、安心して発言することができます。もしあなたの発言が多少わかりにくかったとしても、適切なフォローをしてもらえるでしょう。

ANSWER

いいことを言おうとしなくていい。自分が思ったこと、感じたことを、ちゃんと伝えよう。

CASE 35

1対1なら平気。でも、大勢の前だと話せない

ふだんは話すのが苦手だという自覚は特にないのですが、大勢の人がいる場所では、とたんに話せなくなってしまいます。緊張しすぎて思っていたことが言えず、話し終わった後にいつも後悔しています。

1対1が話しやすいのは、自分の言ったことを間違いなく聞いてくれている、という安心感があるからです。伝わっている、という安心感もあります。話し相手がうなずいてくれたり、「うん、そうだね」などと相槌を打ってくれたりすると、もっと話しやすくなります。

大勢の前で話すときは、この「聞いてもらえている」という安心感がなくなってしまうことが多いのです。

人数が多くなればなるほど、話を聞く人たちからは、話をちゃんと聞こうという態度が失われていきます。腕組みして目をつぶっていたり、じっとテーブルに目を落としていたり。スマホに見入っている人もいるかもしれません。

こういう〝聞いているのかどうかわからない人たち〟を前にすると、特に話が苦手な人でなくても、とたんに話せなくなってしまいます。目の前にいる人たちのリアクションの少なさが、話しにくい最大の原因となっているのです。

大勢の人たちのリアクションを無視して話す

話をするときは相手の顔を見るのが基本です。相手の表情など、リアクションを見ながら話をしていくわけです。

しかし、みんなが聞いているのかどうかわからないような態度をとっている場合には、**あえて顔全体は見ないようにします。おでこあたりに視線を合わせるのがいいでしょう。**つまらなそうな態度を見てしまうと話しづらくなるので、無視したほうがいいのです。

リアクションの薄い大勢の中に、「この人は話を聞いてくれているな」と感じられる人がいる場合があります。話している自分のほうを向いて、うなずいたり、表情を変えたり、というリアクションをとってくれる人です。

そんな人が数人でもいたら、その人たちに話しかけるつもりで話すようにしましょう。とたんに話しやすくなります。自分の話を聞いてくれている、話が伝わっているという安心感が得られるからです。そんな人が一人いるだけでも助かります。

大勢の側にいるときには「聞いてるよ」というリアクションを

自分が大勢の中の一人になって、人の話を聞くときには、ぜひ話している人のほうを向いて、表情を変えたりうなずいたりといったリアクションをとるようにしてあげてください。「話を聞いているよ」というサインを送ってあげるのです。

大勢の人を前にして、話しにくいなと感じている話し手にとって、あなたのリアクションは大きなアシストになるはずです。

こんなちょっとした親切へのお返しが、今後あなたが大勢の前で話すときに返ってくるかもしれません。

ANSWER

聞き手の反応が薄いと誰でも話すのが怖くなる。相手のリアクションを見ないでおでこを見ながら話そう。

CASE
36

オンラインの集まりが苦手

オンラインで集まって話をする機会が増えました。仕事関係のこともあるし、友人たちの集まりということもあります。オンラインだとうまく話に入れず、いつの間にか画面に映っているだけの人になってしまいます。

オンラインで集まって話をするのは、みんなが一つの場所に集まって話をするのと、そんなに違わないように思えます。電話のように姿が見えないわけではなく、みんなの姿も見えるし、声も聞こえるからです。

たしかに姿も見えるし声も聞こえますが、実際には、リアルの世界で会って話をするのと同じというわけにはいきません。話している人や、話を聞いている人たちの細かな反応が見えづらいからです。

リアルよりも、情報量が圧倒的に少ない

具体的には、声色や息づかいも、表情も、身振りも、周囲に漂わせている雰囲気も、リアルの世界で会って話す場合にくらべれば、情報量はかなり少ないといえます。画面が小さい場合には特にそうです。

そのため、**言語だけは対面で話す場合と同じように伝わったとしても、そこに伴う非言語コミュニケーションはとりづらくなっています。**

さらに、オンライン集会で話をするときには、複数の人が同時に話せない、声が聞き取りづらい、といった問題もあります。画面に映る自分が気になってしまう、とい

う人もいます。
こうした点も、リアルの世界で会って話すのとは明らかに違っています。

3倍大きいリアクションでちょうどいい

オンライン集会では非言語コミュニケーションをとりづらいので、まずそれをカバーすることを考えましょう。

話すときには、できるだけ身振り手振りを加えるようにします。手は机の上などに置いておき、しっかり画面に入るようにしておきます。

表情もできるだけ豊かにします。ややオーバーすぎるかな、と思えるくらいでちょうどよいのです。

誰かが話しているときのリアクションも、オーバーすぎるくらいにします。いつもの3倍くらいのオーバーリアクションを目指してください。

このように身振り手振りを加えて表情豊かに話せば、今まで以上に、みんながあなたの話に注意を向けるようになります。3倍のオーバーリアクションをしていれば、話した人はあなたのリアクションが気になって注目するでしょう。

オンライン集会におけるあなたの存在は、以前にくらべてずっと大きくなっているはずです。

そうなれば、自然の流れとして、みんながあなたに発言を求めるようになります。

あなたに向けた質問も増えるに違いありません。

オンラインの集まりに対する苦手意識もなくなっていくでしょう。画面の片隅で聞き役に専念しているようなことはなくなっていきます。

ANSWER

オンラインだと、相手にニュアンスが伝わりにくい。大きなリアクションを心がけよう。

CASE
37

普段の口調でメッセージを送ったら、部下を傷つけてしまった

仕事の話をしていても、部下に「バカヤロー」と言うことはよくあります。ミスをしたときなどに、軽い気持ちで使っています。ところが、先日「バカヤロー」とメッセージを送ったら、部下がひどく傷ついてしまったようです。

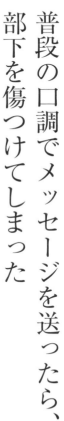

面と向かって「バカヤロー」と言っているときには、職場の上司として、それなりの言い方をしているのでしょう。

言葉は「バカヤロー」だったとしても、そこに「どうしたんだよ、こんなミスして。おまえらしくないぞ」といった愛情あふれる感情が込められていることもあります。そんなことが感じ取れる「バカヤロー」なら、言われた部下のほうも、「あ、すみません」と深刻にならずに受け止めることができます。

ところが、無機質なテキストで「バカヤロー」と送ってしまうと、それを言ったときの口調も表情も伝わりません。そのため、あなたの感情がそぎ落とされ、「バカヤロー」という言葉だけが伝わることになってしまうのです。

この「バカヤロー」は、あなたがいつも口にしている「バカヤロー」とは、まったく違う印象を与えてしまいます。

受け取った人にとっては、「ただ叱責されている」「非難されている」としか思えないわけです。部下が傷ついてしまったというのも、無理はないと思います。

いつも言っている言葉だからといって、不用意に文字情報として使うと、こういったことが起きてしまいます。「バカヤロー」という言葉に愛情を込めるといった高度な技術を駆使している人ほど、注意が必要です。

文字情報に感情を乗せる方法として、絵文字を使ったり、(笑)や(怒)をつけたりする方法もあります。しかし、この方法はプライベートな関係性の中では使えますが、ビジネスの中にもち込むのは難しいでしょう。

メッセージを送る場合は、話すときと同じ言葉を使うのではなく、もう少し細やかに言葉を補っていく必要があります。失敗を注意するようなときは、思いが正しく相手に伝わるよう、ていねいにフォローしてください。

ANSWER

テキストでは、話すときより言葉を補う必要がある。目上の人が下の人に言うときは、特に気をつけて。

TIPS.6

いい加減がちょうどいい！心地よい距離を保つコツ

失敗はどんどんしていい

人との会話に自信がありません。先日の会議でも、見当はずれな話をして、場をしらけさせてしまいました。後になって自分のミスに気づいたのですが、もう恥ずかしくて……。

恥ずかしかったかもしれないけれど、すばらしい経験をしたのだと思いますよ。

すばらしい経験なんて、とんでもないです。出席していた人たちは、みんなあきれていたと思います。どうしてあんなことを言ってしまったのか、思い出すだけで、自分にがっかりしてしまいます。

誰もが、うまくいくことや、かっこよくできることを目指しますが、みんながうまくいくわけではありません。当然、失敗したり、うまくいかなかったりすることだってあります。
そして、そういう経験をしていると、それだけで今後の成功確率は向上します。失敗には学びがあるからです。

失敗しても、そこから学べばいいということですか。

その通り。成功した人のサクセスストーリーには興味を惹かれますが、実際に学べることはあまりないものです。本当に参考にできるのは、失敗して恥ずかしい思いをしたような体験なのです。

失敗しても、貴重な体験をしたのだと思えばいいのですね。

僕は、「人は失敗の数だけ、人にやさしくなれる」と思っています。失敗も悪いものではないと思いますよ。

俺がうまくいったのは～～～
能力が見込まれて～～～
トントン拍子に～
皆もがんばれ！
すごい！
でも真似できないよ
あの能力があればな…
よかれと思ったのに
うらめに出て
こんな風に怒られて～～
大変だった～
この人にもそんな時代が
共感できる～
ためになるなぁ

第7章

「気にしすぎ」で心が折れそう

評価が気になって仕事を断れなかったり、
人を注意できなかったり、アイデアを出せなかったり。
いろいろなことを気にしすぎる人は、心が疲れてしまいがち。
どうしたら楽になれるでしょうか？

CASE
38

リモートワークの影響で、一日中気が休まらない

リモートワークが増え、自宅で仕事をすることが多くなりました。上司や職場の人たちとは常時連絡を取ることとなり、終業時刻を過ぎてもその状態が続いています。一日中見張られているようでリラックスできません。

リモートで仕事をする人が増えています。家にいるためプライベート気分になってしまい、なかなか仕事モードになれない人もいます。しかし、どちらかというと、その逆のパターンのほうが多いようです。就業時間中はもちろん、それが過ぎてオフの時間になってからも、仕事モードが続いてしまうパターンです。

通勤していたときは、出社することでスイッチがオフからオンに切り替わり、仕事を終えて会社を出るときに、オンからオフに切り替わっていました。出社や退社には、スイッチを切り替える儀式のような役割があったのです。

リモートワークになると、この切り替えの儀式がなくなってしまいます。そのため、意識してスイッチの切り替えを行わないと、気づかないうちにずーっとオンになっている、ということになりかねないのです。

本来はオフの空間であるはずの家なのに、ずるずるとオンの状態が続いてしまうと、リラックスできる空間も時間も失われることになります。これではゆっくり休むことができません。

一日中見張られているような気がするのは、パソコンやスマートフォンなどのデジタルデバイスで、上司をはじめとする仕事関係の人たちとつながっているからでしょう。深夜や早朝にまで連絡が入ると、本当に休まりません。**こうしたデジタルデバイスは、リモートワークをするのには便利ですが、それがずっとオンになったままというのは問題です。**

意識的にオフをつくる

リモートワークであっても、終業時刻をはっきりさせておくことは重要です。決まった時刻までは集中して働き、終業時刻になったら仕事を終わりにする。そして、そのタイミングで、仕事で使っていたパソコンなどのスイッチもオフにします。仕事とプライベートでデジタルデバイスを共用している場合は、終業後に通知がこないようにしましょう。そうすれば、翌日スイッチをオンにするまで、家はゆったりとリラックスできるオフの空間になります。

ただ、そうはいっても、どうしても残業が必要になる日があるでしょう。たとえば経理や財務の仕事をしている人なら、決算期前は忙しくなります。そういった繁忙期がある場合は、それ以外のときに、しっかりと休みを取るようにしておきます。

このようなメリハリのきいた働き方をすれば、ほとんどの人が、しっかりオフの時間を確保しながら、リモートワークを行えると思います。

終業時刻を過ぎたらきちんとオフにする「オフ習慣」は、同じ職場の人たちや、仕事で関係するほかの会社の人たちにも伝播していきます。

一人が終業時刻以降はオフにすると決め、職場や仕事関係の人とつながるデジタルデバイスもオフにしてしまえば、ほかの人たちの仕事にも影響が及ぶからです。

「オフ習慣」をもつ人が増えてくれれば、終業時刻になったらオフにしたほうがいいね、ということになるでしょう。多くの人に「オフ習慣」が広がった世の中は、今より働きやすいと思いませんか？

ANSWER

仕事モードのオン・オフを意識的に切り替えよう。周りに「オフ習慣」を伝播させよう。

CASE

39

終業間際の依頼を断れなくて、ぐったり疲れます

仕事が終わる間際に急ぎの仕事を頼まれることがあり、できれば断りたいのですが、上司から頼まれると断れずに引き受けてしまいます。定時に終わるはずが、長時間の仕事になってぐったり疲れますし、断れなかった自分にも嫌悪感を覚えます。

おすすめしたいのは、きちんと断ることです。終業時刻になったらオフの時間と決め、できるだけ仕事をもち込まないようにしましょう。

上司に言われるまま、「急ぎの仕事なら仕方がないか……」と引き受けていると、「どんなときでも頼めば断らない人」という烙印を押されてしまいます。そうなると、次回の急ぎの仕事も、あなたに回ってきてしまいます。

断れなかった仕事でぐったり疲れてしまう前に、一度はっきり断ってみましょう。せめて「たまには断ることがある人」と思われておくことは大切です。

断るのが苦手な人は、断る言葉がスムーズに出てくるように、事前に理由を考えておくといいでしょう。理由はウソでもかまいません。

妻（あるいは夫や子ども、ペット）の体調不良とか、歯科医院の予約が入っているとか、なんでもかまいません。**一度でもうまく断ることができると、二回目からは比較的断りやすくなるものです。**

イレギュラーなオンには、「えらい！」と自分をほめる

終業時刻を過ぎたらオフと決めていても、どうしてもやらざるを得ないということ

もあるでしょう。現実の社会では、そういうことが起きるのも仕方ありません。

そんな場合には、あくまで特別ということで、時間外の仕事を行います。

そして、急ぎの仕事に時間外対応した自分のことを、「えらい！　よくやった」とほめてください。 実際、オフの時間を犠牲にして、誰かがやらなければいけない急ぎの仕事を処理したのですから、ほめられて当然なのです。頼んできた人もきっと感謝しているはずです。

こうして自分をほめておくと、やらされている感が軽減します。どうせ仕事をするなら、「どうして断れなかったんだろう」と自己嫌悪に陥っているより、自分をほめているほうが健全です。

ANSWER

まずは一度断って、「断らない人」から抜け出そう。

CASE 40

ついうっかりマナー違反。恥ずかしすぎていたたまれない

およばれで家へ遊びに行ったら、ほかの人たちはみんな素敵な手土産を持ってきていました。私だけ手ぶらだったので、恥ずかしくてどうしたらいいのかわからず、その日は一日中、楽しめませんでした。

なんとも気まずい状況です。ばつが悪いというか、身の置きどころがないというか……。時間を巻き戻せるなら、少し前に戻って、手土産を調達してから訪問し直したいくらいかもしれません。

しかし、人生の時間は巻き戻せないので、この状況を受け入れるしかありません。

こんなときは、「貴重な経験値を稼いだ」と考えるようにしましょう。

現在の状況はなかなか厳しいけれど、この経験をしたことで、あなたは「およばれで誰かの家を訪問するときは手土産を持っていく」ということを学ぶことができました。**それによって、これからの長い人生で、同じような失敗はしなくてすむでしょう。気まずい思いはしたけれど、経験値を稼げたことは確かなのです。**

ほとんどすべての恥ずかしい体験が、あなたの経験値を上げることに役立ってくれます。こんな状況に陥ったときは、ぜひこのことを思い出してください。

恥ずかしい気持ちを、そのまま口に出せばOK

手土産を忘れたあなたが気まずそうにしているとき、手土産を持って訪問した人たちも、あなたを招待してくれた人も、あなたを気遣って、気まずい雰囲気になってい

たかもしれません。

こんな場面では、もじもじしていないで、「私、気が利かなかったわ～。こんな素敵な会にお招きいただいたのは初めてだから」などと、少し明るめの声で言ってしまうことをおすすめします。

恥ずかしい気持ちをそのまま口にすると、不思議なことに周囲に好印象を与えることができます。周囲の人たちは、「なんとかしてあげたい」という気持ちになります。家の主人も、「そんなこと気にしなくていいんですよ」と言いやすくなります。

次回、もし似たような失敗をしたら試してみてください。あなた自身も手土産のことをわきに置いて、楽しい一日を過ごせるに違いありません。

ANSWER

恥ずかしい体験は経験値を上げてくれる。気まずい気持ちも口にしてみよう。

CASE
41

嫌われることが怖くて、注意できない

職場の後輩が仕事でミスをしたとき、それではダメだと注意すべきなのですが、嫌われてしまうような気がして、なかなか言えません。ちょっと注意しただけなのに、泣かれてしまったこともあります。

「これではダメ」とか「そんなことをしてはいけない」という話は、言われる側にとって耳の痛い話なのは当然ですが、言う側にとってもストレスがあります。

なかには怒鳴りちらすのが好きな人もいますが、ミスに対して叱る、注意をするという仕事は、必ずしも楽しい仕事ではありません。言っているうちに気がめいってくるという人もいます。

それに加えて、あなたの場合は、「こんなことを言ったら嫌われるのではないか」という不安も感じているようです。そんな不安を吹き飛ばす、ごく簡単なテクニックを紹介しましょう。

それが、「注意するときには、ほめることから始める」という方法です。

仕事に関して注意する必要があるなら、その仕事に関して評価できる部分を探しておくのです。そして、「あれはよかったよ」と、まず相手の仕事を認めることから始めます。そう言われて悪い気がする人はいませんから、これであなたと相手の間には、いい空気が醸成されていきます。

そうしておいてから、「もっとよくするには、こうするといいんだよ」という方向に話をもっていくのです。**いきなり注意するのではなく、まず評価できる点をきちん**

と認めておいて、それから本題に入るわけです。

この順番で話を進めていくと、相手も冷静に話を聞くことができますし、こちらもあまり精神的な負担を感じないですみます。もちろん、泣かれるようなことにもなりません。

「認める」＋「前向きなアドバイス」を

評価できる部分をほめたら、次に注意します。そこにも重要なテクニックがあります。

注意する場合、話の方向をどうするかによって、印象は大きく違ってきます。

たとえば、「きみの仕事のこういうところがダメなんだ」と言うのと、「きみの仕事のこの部分、やり方を変えたらもっとずっとよくなるんじゃないか」と言うのとをくらべてみましょう。

ダメだと伝えるだけの話だと、言われたほうはへこむし、言う側も緊張を強いられます。それに、「すみません、わかりました」で終わってしまって、どうしたら直せるのかわからないので、話が先に進んでいきません。

それにくらべ、こうすればもっとよくなるという話は、前向きで話が未来に向かっていきます。注意された側も、へこんでいないで、もっとよくしようと考えます。注意するのが苦手な人にとっても、注意された側の成長を考えても、理想的なやり方だといえます。

ANSWER

ダメ出しするより、
本人の成長につながる
前向きな話をするほうが、
まっすぐ受け止めてくれるよ。

CASE
42

どう評価されるかわからず、アイデアを出せない

職場でミーティングがあっても、自信がなくてアイデアや意見を出すことができません。上司や同僚からどう評価されるかが、とても気になってしまうのです。せっかく考えたアイデアや意見を堂々と発言するには、どうしたらいいのでしょう？

せっかく考えたアイデアや意見を出すことは、たぶんそんなに難しいことではありません。かっこつけているのを、やめればいいのです。

この場合、いいことを言おうとしているから、何も言えなくなってしまっているのです。まず、それをやめましょう。

上司や同僚からの評価が気になってしまうということですが、**いい評価を得たいと考えてしまうことで、アイデアや意見が出てこなくなることはよくあります。なぜなら、自分が考えたアイデアや意見を、発表する前に自分で評価してしまうからです。**あなたもそうではないでしょうか。

このやり方だと、自己評価の低かったアイデアや意見は、みんな捨てられてしまいます。

「こんなくだらないアイデアを出しても失笑を買うだけだ」

「もっとまともなことを言えと怒られるかもしれない」

そんなことを考えて、ボツにしてしまうからです。

しかし、ミーティングであなたのアイデアや意見を評価するのは誰でしょうか。あなたではなく、上司や同僚など、ほかの人たちです。

あなたがあなたのアイデアや意見を自分の判断でボツにするのは、会社にとってアイデアや意見を失うもったいないことなのだと気づいてください。

当たり前のことですが、あなたの考えたアイデアや意見が、ほかの人たちからどんな評価を受けるかは、ミーティングに出してみなければわかりません。

たとえ自己評価が低くても、「ああ、そのアイデアはほかの人のアイデアとは違ったよさがあるね」ということになるかもしれません。

どういう評価になるかは、ミーティングに出してみなければわからないのです。そうだとすれば、数が大事。自分で必要以上にセレクトしてしまわず、どんどんアイデアや意見を出すようにしたほうがいいのです。

どういう意見が求められているのかを考えよう

ミーティングの目的はさまざまですから、どんな意見が求められているのかを理解しておくことは大切です。

抽象度の高い意見を求められているミーティングもあれば、具体的な話が必要とされている場合もあります。ブレーンストーミングのように、思ったことをどんどん発言していくことが求められている場合もあります。

アイデアや意見を出しやすくするためには、このミーティングの場で期待されているのはどのような発言なのか、ということは常に考えておくようにしましょう。

ANSWER

アイデアを評価するのは自分以外のほかの人。セレクトしすぎないで、テーブルにアイデアをどんどんのせよう。

CASE
43

ネットだと自分を出せるのに、リアルだと自分を出せない

ネットの世界には、一緒にゲームをしたりする親しい友人がいますが、リアルの世界では誰とも親しくなれません。ネットでは本当の自分を出せるのですが、リアルではそれができないからかもしれません。

ネットの世界では親しくなれるということですが、それは共通する趣味をもっていることが、大きな土台になっているためだと思います。

オンラインゲーム仲間として、ある種の一体感とか、受け入れられているという感覚とかがあるのでしょう。特にネットの世界で一緒にゲームなどをやっていると、そういった感覚が生まれやすいものです。

リアルの世界では、こうした一体感などについて、自分の思い込みではないだろうかと、懐疑的になったりします。共通の趣味という土台のあるネットの世界のようには、簡単には親しくなれないのは無理もありません。

本当の自分を出せる人なんて、そもそもそんなにいない

リアルの世界では、相手の人の〝人としての顔〟が見えていないと、親しくなることはできません。そこがネットの世界との違いです。

あなたはリアルの世界では本当の自分を出せないと言いますが、本当の自分を出せる人なんて、そもそもそんなにいないのです。あなたに欠陥があるということではありません。

少なくとも相手のことがよくわからないうちは、その人の前で本当の自分をさらけ出すことなどできません。よくわからない人の前では、誰だっていい格好をしておきたいのです。自分が傷つかないためにも、そうしておく必要があります。

リアルの世界では、人と親しくなるのに、ネットの世界より少し時間はかかるかもしれません。しかし、少しずつ相手のことを知っていき、安心することができて、もう格好をつけなくていいなと思えるようになったら、時間をかけて少しずつ自分を出していけばいいのです。

リアルの世界でも、安心して自分を出せる相手が、そのうちきっと現れます。

ANSWER

ネット仲間とは、共通の趣味や体験という土台がある。それがないリアルでは、少しずつ相手を知って、自分を出していく時間が必要。

TIPS.7

付き合う人を増やしてみる

いい加減がちょうどいい！心地よい距離を保つコツ

友達がとっても少ないんです。二人……、やっぱり一人かな。
その友達だって、私は友達だと思っているけど、向こうもそう思ってくれているのかはわかりません。
心を許せる友達がこんなに少ないのは、私に問題があるからなんでしょうか。

心を許せる友達が一人いるんですね！
それはすばらしいことじゃないですか。
一人いてくれたら、それだけでもう十分ありがたいですよ。

え、そうなのかなあ。
その友達、小学生時代の同級生なんです。

長い付き合いなんですね。少ない人数のコミュニティで楽しくやるというのも、すごく大事です。そういう友達と長い時間付き合えるのは幸せなことだと思いますよ。

もっと成長してから出会った友達もいましたが、仲がよい状態が続く人はいませんでした。だから本当に貴重な友達なんです。

それなのに、実は彼女、もうすぐ結婚するんです。

おめでたいし、お祝いしたい気持ちはあるけど、これまでみたいに遊べなくなる不安もあって、最近ぎくしゃくしてしまって……。

大事な一人だからこそ、寂しい気持ちもありますよね。

そうなんです。彼女だけに寄りかかりすぎちゃうから、やっぱりもっと友達がほしいな、とも思うんです。

それなら、もうちょっと欲張って付き合いを広げてみましょうよ。

ほかの人と、上手に友達付き合いできるかな……。たくさんの人と付き合うと、しんどくなったりしないですか。

多くの人と付き合うのは、自分の柔軟性を高めることにつながります。同じことを言っても、相手によって反応が違いますよね。ある人にはウケたけど、ほかの人にはまったくウケなかったとか……。

そういうことをいっぱい経験することで、いろいろな状況に、しなやかに対処できる柔軟性が身についてきます。

でも、相手がどう思うかわからないんですよね。冷たい反応だった過去の経験を思い出したりすると、積極的にはいけません。

あなたのキャラクターを、もっといろいろな人にぶつけてみるといいのに。もちろん、それでうまくいくこともあるだろうし、思わぬ反応が返ってきて、へこむことだってあるかもしれないけど。

へこむの、嫌だなぁ……。

自分の言葉や考えが、ほかの人にどう映るのかという実験をしていると考えてみたらどうでしょう？　実験に失敗しても、失敗は成功の母っていうじゃないですか。自分の可能性に気づくことがあるし、自信につながってくることもあります。

そうですね。ちょっと勇気を出してみようかな。ダメだったとしても、私には貴重な友達が一人いますしね！

その通りですよ！
勇気を出して、いろいろな人と付き合ってみるといいと思います。

新しい友達ができるかもと思ったら、少し楽しみになってきました！

親友が結婚で遊びにくくなっちゃって
じゃあよくばって人間関係を広げてみたら
実はコスプレが趣味で
びっくり！
いがい～
私ちょっとやってみたい！
コスプレ衣装作りのスキルアップのため手芸教室へ
はじめまして
そのブローチかわいいですね！
気の合う人を発見
関係が広がることで
親友
手芸友だち
職場の人
親友とも適度な距離を保てるように！

● 著者

尾林 誉史（おばやし・たかふみ）

精神科医、産業医。VISION PARTNER メンタルクリニック四谷院長。1975 年生まれ。東京大学理学部卒業後、(株)リクルートに入社。2006 年、産業医を志し退職し、弘前大学医学部に学士編入。東京都立松沢病院を経て、東京大学医学部附属病院精神神経科に所属。現在は 16 社の企業にて産業医およびカウンセリング業務を務めるほか、メディアでも積極的に情報を発信している。

● スタッフ

編集協力／オフィス 201（高野恵子）
本文デザイン／工藤亜矢子（OKAPPA DESIGN）
イラスト・漫画／村山宇希
執筆協力／柄川昭彦
校正／渡邉郁夫
編集担当／ナツメ出版企画株式会社（神山紗帆里）

本書に関するお問い合わせは、書名・発行日・該当ページを明記の上、下記のいずれかの方法にてお送りください。電話でのお問い合わせはお受けしておりません。
・ナツメ社 web サイトの問い合わせフォーム
https://www.natsume.co.jp/contact
・FAX（03-3291-1305）
・郵送（下記、ナツメ出版企画株式会社宛て）
なお、回答までに日にちをいただく場合があります。正誤のお問い合わせ以外の書籍内容に関する解説・個別の相談は行っておりません。あらかじめご了承ください。

ナツメ社 Webサイト
https://www.natsume.co.jp
書籍の最新情報（正誤情報を含む）はナツメ社Webサイトをご覧ください。

がんばらない めんどくさくない **人間《にんげん》関係《かんけい》を築《きず》くコツ**

2021年12月1日　初版発行

著　者　尾林《おばやし》 誉史《たかふみ》
発行者　田村正隆

発行所　株式会社ナツメ社
東京都千代田区神田神保町 1-52 ナツメ社ビル 1F（〒101-0051）
電話　03（3291）1257（代表）　FAX　03（3291）5761
振替　00130-1-58661
制　作　ナツメ出版企画株式会社
東京都千代田区神田神保町 1-52 ナツメ社ビル 3F（〒101-0051）
電話　03（3295）3921（代表）
印刷所　ラン印刷社

ISBN978-4-8163-7108-0　Printed in Japan